서울, 딜쿠샤

전장석 시집

상상인 창작기획 시인선 003

상상인 창작기획 시인선 003
서울, 딜쿠샤

초판 1쇄 발행 | 2021년 4월 13일

지 은 이 | 전장석
펴 낸 곳 | 도서출판 상상인
북마스터 | 이성혁 신상조
뉴크리에이터 | 이만섭 진혜진
designsd by 김혜리

등록번호 | 제572-96-00959호
등록일자 | 2019년 6월 25일
주   소 | 06621 서울시 서초구 서초대로74길 29, 904호
전화번호 | 010-7371-1871
전자우편 | ssaangin@hanmail.net

ISBN 979-11-91085-12-9 (03810)

값 10,000원

* 이 책은 전부 또는 일부 내용을 재사용하려면 반드시 저작권자와 도서출판 상상인의 동의를 받아야 합니다.
* 이 책은 교보문고와 연계하여 전자책으로도 발간되었습니다.
* 이 책은 2019년 한국문화예술위원회 아르코문학창작기금을 수혜 받아 발간되었습니다.

서울, 딜쿠샤

* 딜쿠샤 - 서울시 종로구 행촌동에 있는 서양식 주택 이름.
  힌두어로 '이상향' 혹은 '행복한 마음'이란 뜻을 지니고 있다.

* 저자의 의도에 따라 작품의 보조 동사와 합성 명사는 띄어쓰기가 달라질 수 있습니다.

* 본문 페이지에서 한 연이 첫 번째 행에서 시작될 때에는 〈 표기를 합니다.

시인의 말

이것은

서울이라는 자궁 속에서 그린

무형의 지도다

손이 아니라 발로 더듬거린

어떤 거처에 대한

독백이다

시간의 금줄을 밟은

장소가 객사한

어느 날의 꿈속 이야기다

2021년 4월, 전장석

■ 차 례

1부

BOOK아현	019
만리동 책방 만유인력	020
서울스퀘어	022
가온다리	024
개정판 강풀 만화거리	026
서울숲 갤러리아포레 팥빙수 카페	028
겨울 무쇠막생고기집	030
겨울, 남산길	032
경리단길에서 식사하는 법	034
경희궁을 산책하는 법	036
광희문에서 출발한 순성巡城 놀이	038
금고리 슈퍼	040
긴고랑길 내려오며	042
나폴레옹제과점	044
발산이라는 동네	046
낙원삘딩	048
개운산이 어디 있지?	050

2부

산수갑산 아바이순대	055
내시네 산	056
눈 내리는 충무로 인쇄골목	058
답십리	060
대림동 중앙시장 돌아보기	062
명동에서 줍줍	064
손기정 공원의 모과는 오늘도 달린다	066
모래내, 2015	068
문래동에는 사나운 짐승들이 산다	070
난곡동에서 죽음의 방식	072
상계동올림픽	074
성내동 오케이바둑학원	076
성수동聖水洞, 그 세상의 바깥	078
수색역을 지나며	080
미아리텍사스 약사藥師 이미선 씨	082
셔블	084
사직공원	086

3부

을지로 오구반점五九飯店 091

신설동 골목 092

아직도 봉천동에 사세요? 094

아현동 가구거리 3 096

애오개 098

아현역 나빌레라 갤러리 100

연신내 102

무계정사武溪精舍 길을 걸으며 104

오쇠동 풍경 106

옥바라지 여관 골목 108

왕십리 110

창신동에서 있었던 일 112

세검정洗劍亭에 대한 단상 114

수진궁壽進宮 길 걷다 116

연희동 118

이태원 약사略史 120

정동 거리의 피아노 122

4부

후암동 108계단	127
종로5가 진미육회 3호집	128
중곡동 가구거리	130
신설동 붕어빵 가게	132
아현동 재개발단지	134
중림동 어시장 2	136
창경궁 회화나무	138
천호대교를 지날 때	140
청계천 연가2	142
카페 바람드리	144
푸른 언덕靑坡에 올라	146
합정동에서 누군가를 만난 적 있다	148
서소문공원전傳	150
밤섬栗島 되찾기	152
흑석동 비사秘史	154
서계동	156
서울, 딜쿠샤	158

해설 _ 장이지(시인)	163
마음의 지도, 골목 안 서울 답파기	

1부

BOOK아현

숨이 찰수록 뜻이 달아오르는 문장
동네 어르신들에겐 난독의 보릿고개다
앞뒤 표지가 뜯겨져나간 동네
그날그날 표지가 되어 살아가는 사람들은
부록 몇 장 부욱 찢겨져도 눈치채지 못한다
숙박계 대신 쓴 무명씨 저자의 방명록은
얼음의 구근이 녹아 흘림체 일색이다
아직 지구상에 남아 있는 몇 개의 구절은
이 동네의 밤하늘을 뒤적거리다가
마지막 페이지쯤에서 그냥 별이 되었는지도 모른다
책을 덮어도 조여 오는 어두운 골목길
스스로 문장 속으로 들어간 책은
어느 중고서점에서 절판인 줄 모르고 꽂혀 있고
갈라진 벽 속의 풀꽃들은 목차를 버린 지 오래
두 손으로 이마를 짚던 달이
잠시 난독의 계단에 앉아 있는 동안
낡은 진열장처럼 바람에 흔들리는 동네
쥐들이 갉아먹은 침묵 속엔
수백 권의 장서가 우글거리고 있을 것이다

만리동 책방 만유인력

고갯마루를 마수걸이한 마을버스가
몇 사람과 접점하고는 내리막길로 이항한다
간판이 분필로 쓰인 책방은 방금
새로운 이론을 설명하려던 중이다

저녁 산책의 중력파가 만리동까지 미치면
거기, 작동이 멈춘 낡은 탁자 위의 시간들
수공手工이 되어 나를 내부 수리한다

무중력의 이 도시를 용감하게 횡행하던
한 권의 시집, 단 한 줄의 문장 속엔
궤도를 이탈한 소우주가 지구본처럼 떠돌고
평생 떨어진 사과를 줍다 허리 휜 내 이력이
통증이 가시지 않은 호롱불로 밤새 매달려 있다

막대그래프 같은 아파트와 낮은 곡선의 지붕들
그 아찔한 간극에서 자주 멀미하던 바람이
서점 어딘가에 불편한 기록으로 꽂혀 있다는데
언제쯤 그것들을 제대로 읽어낼 수 있을까
불구의 시간들이 버릇처럼 그리움으로 발화되면

나는 또 책갈피 속 언덕 마을을 찾아갈 것이지만

식어가는 계절의 밧줄을 놓지 않고 있는 담쟁이덩굴이
태양의 인력引力을 증명하듯 무서운 발톱을
금 간 담벼락에 양각한 만리동
담력이 약한 짐승 한 마리 계단에 쭈그리고 앉아

언젠가 굴레방다리 아래 가을비로 뚝뚝 떨어져
변곡점이 된 기억 하나

만유인력처럼 나를 끌어당긴다

서울스퀘어

20대의 그녀가 가지런한 신발과 맞절을 한다

대낮의 소음이 필사적으로 매달렸지만
차가운 전말은 돌덩이처럼 떨어졌다

그 순간, 지상에서 다시 서서히 비상하는 새
커다란 안개꽃이 막 피어나기 시작했고
소독제 같은 투명한 끈적거림이 손바닥을 적셨다

어둠이,
움켜쥐던 보자기를 풀자 빌딩에서
밤의 화려한 레이저쇼가 펼쳐진다
형형색색의 우산을 펼쳐 들고 내려오는 사람들
한 여자가 모자 쓴 남자를 잡고 올라가면
양복 입은 남자가 하이힐 신은 여자를 빙글빙글 돈다

그날 빗방울이 떨어진 건 우연이겠지
일면식도 없는 그녀가
그녀로부터 멀어졌던 몇 분 후에
몇 줄의 자막처럼 나의 뇌리에 박힌 것은

〈
바닥을 움켜쥔 생각은 급기야 폭포수처럼 증발했으리라
귀에 박힌 못 한 자루의 무게 때문에
한순간 유리창은 와르르 쏟아지고
수만 장의 바람으로 펄럭였으리라

그녀에게 공중은 마지막 구원의 온기
단발의 무게로 미완未完은 완성되고

팔다리가 길어진 그녀가
검은 우산을 쓰고 서서히 스크린 위로 올라간다

달빛이, 밤의 난간이 휘어지도록 매달려 있다

가온다리*

출렁이는 건
애쓰려는 마음일까 봉합하려는 수단일까
두근거리던 심장 소리가
고래의 춤사위가 되다니

무중력의 끈이 팽팽해질 때까지
구름이나 해는 얼마나 많은 칼춤을 추었을까

나의 망설임은
두려움과 허상의 혀로 중심을 빼앗으려는 자들과
중심을 밀고 나아가려는
무수한 앞발들 사이에 놓여 있다

다리는 예감하고 있던 것일까
내려갈수록 요철이 분명한 광화문의 주말을
저울 위에서 한없이 기우뚱거리는 서울을
여러 개의 대답이 갈피를 못 잡고
몸 밖으로 무수히 헛디디던 기약들

허약해진 중심을 모으기 위해

다리는 여전히 단전호흡 중이고

개화의 버릇으로 가지 끝이 간지러운
늙은 산벚꽃나무는
뱃살 같은 나이테를 출렁거리기 시작했다

* 인왕산 자락길에 놓여 있는 출렁다리

개정판 강풀 만화거리

어둠의 갈피가 느슨해진 만화거리 골목
접어놓은 페이지에서 등장인물 몇이 튀어나와
치킨집과 주꾸미집을 기웃거린다

말풍선을 벽에 붙여놓은 해설사들은 돌아가고
폐지 줍는 노인만 속편까지 남아

신문 배달하던 강풀 씨는 이곳에 살지 않는다
한때 옆구리에 끼고 달리던 희망은 부풀대로 부풀어서
날아간 홀씨처럼 겉표지가 너덜너덜해진

채색화로 스미던 그녀와의 첫사랑은
날염의 붓끝 풍경 바깥으로 점점 희미해져
옥상의 빨래집게만 삭은 이빨 몇 개로
기억의 낱장을 간당간당 물고 있다

세상을 각색하며 떠돌던 옆집 아저씨가
어느 날 노을이 되어 돌아와
폐타이어처럼 눌러앉은 강풀 만화거리에
화살표 방향으로 굴러가던 것이

그가 꿈꾸던 낡은 희망의 바퀴자국이었음을

붕어빵처럼 구워지는 시간
등장인물들이 나무의자에 앉아
늙은 해설사인 바람의 등을 긁어주고 있다

서울숲 갤러리아포레 팥빙수 카페

주말이면 너는 자꾸 그곳에 가자고 한다
내가 경험한 것과 네가 처음 느끼는 것은
우리 모녀가 견뎌야 할 간극

수컷 말들이 부르는 대로 적었다 한때
등을 후려치듯 기수들은 말과 소통했다

말이 우리를 앞서 달리자
딸의 마권이 휘날린다
소통할 말이 없으니 다른 방법을 찾자고 한 건 너였고

저 숲속에는 백설공주들이 우글거려
거대한 난쟁이들이 우릴 끌고 다니지

풀과 나무가 무성하던 공원의 가장자리에서는
트랙 같은 반지들이
열 손가락에 끼워져 몇 바퀴째 돌고 있는데

정장의 고양이가 덧칠한 담장
우리는 또 한 번 길을 잃고 말았지

먼저 헤어지자는 말은 못 하지만
방식을 두고 가게의 셔터를 내렸다가 올리며
금 간 침묵을 겨우 깨끗하게 비웠다면
이 평화로운 시위를 우리는 즐기는 걸까

여기저기 핀 꽃들이 하늘거리다
갑자기 먹구름이 몰려오자 조용히 고갤 숙이는
이 격렬한 피니시라인은 거역할 수 없는 것인데

손잡고 걸어도 엄마는 얼마든지 있다며
엄마를 곁에 두고 다른 엄마를 찾는 유리구두 아가씨
다시 말을 타려 하네

나쁜 습관은 쉽게 길들여지는 법
오래전부터 서서 잠든 마구간의 말들처럼

팥빙수는 녹아 범람하기 시작하는데

겨울 무쇠막생고기집

저물녘 무쇠막사거리에 불똥처럼 진눈깨비 내리고
피딱지 같은 게 얼룩얼룩한 고깃집 간판
서둘러 작업을 마친 허기가 곧 사납게 들이닥치리라

붉은 김이 솟는, 뭉텅뭉텅 썰려 나온 생고기들
태양이 나무의 손바닥에 엽록을 채색하듯
시뻘건 화구火口의 고삐를 풀었다 쥤다 하며
인부들은 고기에다 불의 영양소를 입힌다

단단한 쇠를 달구고 메질하던, 사내들의 거친 숨소리가 배어있는 무쇠막골*
그리하여 생고기보다 연한 쇠, 쇠망치가 먼저 부드러운 식감을 느끼면
거북등만 한 무쇠솥과 농기구들이 도깨비에 홀린 듯 뚝딱뚝딱 만들어져
움막 뒤켠에 가지런히 놓이던 시절 있었다

발톱을 세워 유리창을 할퀴는 습한 기운들
바깥세상을 달구는 눈은 어떤 이기利器를 만들어낼까
누군가에겐 뜨거운 함성이었을 저 문밖에는

추위에 데인 상처가 많은 사람들도 있을 것이다

하늘에서 쉴 새 없이 두드리는 순백의 망치소리

연장통을 두고 온 인부들은 내일을 입 밖에 꺼내지 않는다
대낮의 쇠망치 소리 몸에서 서서히 잦아들 때까지
한강변의 찬 물살이 쇳물처럼 가라앉을 때까지

시커멓게 그을린 어둠 몇 조각
불판 위의 별똥별로 스러진다

* 서울시 성동구 금호동의 옛 이름, 선철을 녹여 농기구 등을 만든 데서 유래

겨울, 남산길

지팡이가 또박또박 바닥을 끌고 온다
일정하게 툭툭 끊으며
어두워지는 남산 산책길이 점점 확대된다

겨울 추위 눈덩이처럼 굴리며
콘크리트마저 걷어내자 맨땅의 훈증이
가물가물 피어오른다

수만 갈래였던 날들 귓속의 낭하로
아아 소리를 지르며 단세포로 흩어지고

아까부터 뒤를 미행하는 고양이
눈이 자꾸 뒤로 밀리고 있다
밀리는 눈이 수풀 속으로 들어가
이내 시력을 잃고 만다

어느새 만삭이 된 개나리의 마른 삭정이
견디기 힘든 토악질을 봄이라고 말하지만
눈 터지면 곧 세상과도 눈멀어짐을
그도 짐작하고 있으리니

〈
뭉그러진 세상 어디에든
귀 쫑긋 세우고 달려오는 저 소리는
짐승의 피를 쫓는 샤먼의 발자국

한 떼의 사슴 무리가 초원을 향해 필사적이다

경리단길에서 식사하는 법

경리단길에서의 식사가 근사해지는 이유가

녹사평 갈댓잎을 심심하게 데쳐놓은 바람과
간장 얼룩처럼 간이 밴 해방촌 골목길을
단내 나게 오르내리던 계단 때문이라고?

음식의 취향을 저울 위에 올려놓을 수는 없지만

경리단길을 내려오면서 문득
회나무2길이라는 표식을 보면서
성당의 종소리에 굴뚝 연기 모락모락
과거에 버무려놓았던 풍경이
맛의 보폭을 넓혀준다는 사실

시럽처럼 좌우로 흘러내리는 집들
해방촌길은 해방촌길대로 경리단길은 경리단길대로
레시피가 다른 노래가 흘러나온다

식욕이 왕성해지면 미감은 스스로 꼬리를 감추고
식감이 풍부해지면 맛의 지도까지 떠올라

〈
오늘 하루 위로가 되는 일이란
서로 다른 지상의 길을 맛볼 수 있다는 것

해방촌길과 경리단길을 경유하는
코스 메뉴가 요즘 한창 인기다

경희궁慶熙宮을 산책하는 법

점심 먹고 어디든 걸어야 하겠지

도포 입은 흥화문의 느릿한 발걸음
근육질의 해머링맨*은 한순간도 쉬지 않는다

개미들처럼 신호등 앞에 선 와이셔츠들
저 오래된 종족의 습성이야말로
누구의 편도 아닌 객관적인 몸짓인 것
어제와 내일의 톱니바퀴에 맞물린 오늘인 것

몇몇 사람들 궁내에 들어와
짐짓 왕처럼 뒷짐 지고 걷는다
용마루에 걸린 인왕산이 충신이 되어 뒤따라오고
당쟁하듯 앞서거니 뒤서거니 겹치는 수묵의 전각들과
월담하는 매화향에 들뜬 기왓장 몇 개
늙은 나무들도 꽃무늬 허리띠 조여 매고 있으니
한순간에, 벌써 봄인가

근심 덜어내려 피우避寓하러 왔던 왕족처럼
마음속 뜨락엔 새들도 지저귀리라

〈
밖을 나오니 홍해처럼 갈라지는 흥화문
해머링맨은 여전히
파도 같은 망치를 내려치고

*서울시 종로구 신문로 흥국생명 본사 앞에 있는 설치미술가 조나단 브로프스키의 작품

광희문에서 출발한 순성巡城 놀이

길을 담보로 했던 일인데 길을 믿지 말라니
안내표지판이 경고문처럼 읽힌다

도심 한가운데서 길을 잃는 게 잘못은 아니다

성곽 밑을 자세히 보니 집 나간 돌들 여럿
돌아올 수 없는 이유가 세월의 하중 때문일까
나는 저곳에 붙어 있을까 아니면
본의 아니게 어느 집의 대들보가 되어 있을까

걷다 보니 정말 성곽이 안 보인다
누가 길을 잃은 것일까
성곽이 따라오기만을 기다리며 가만히
마음속으로 돌을 쌓고 이어본다

실선과 점선의 암묵적 대화
막힘과 드러남, 어둠과 밝음이 반복되면서
성곽은 제 길을 뚝심 있게 가고 있었던 것

뫼비우스 띠처럼 암문을 통과하니

성곽의 안과 밖이 술렁거리고
바람이 들숨 날숨을 반복하는데

이제부터 성곽을 오르는 일이란
궤도를 벗어난 우주선이 발사체를 버린 것처럼
몇 백 년 전의 숨결을 더듬어
묵묵히 나를 찾아가는 길

관성에 의해 성곽은 크게 원을 그려 갈 테지만
나는 직사각형이나 마름모꼴로 도성을 쌓고
지금처럼 세상을 살아갈지도 모른다
미세한 떨림과 균열이 지속되어도
성곽이 쉬이 무너지지 않으리라 생각하면서

오늘의 순성 놀이가 끝나갈 쯤인가
반얀트리 호텔 부근에서 크게 건너뛴 성곽을
더 이상 따라가지 않기로 한다

성곽의 날개가 배낭 속에서 푸드덕거리는지
내 발걸음도 마냥 날아갈 것만 같다

금고리 슈퍼*

두부 한 모 값을 치르고
말랑말랑한 궁금증을 거스름 받았다

그곳은 해안가일까 농사짓는 마을일까
금고리는 어디쯤일까 금고리를
주인만 알고 있는 지명地名이라 가정해 두자
공표해야 할 영역만큼 내 저녁 산책은
종종 금고리를 지나
지도 속에 없는 마을 입구에 다다른다

그곳은 밥 짓는 연기 푸른 독처럼 퍼지는 곳
왔던 길 되돌아가지 못한 어둠이
새벽녘에야 응고된 몸을 풀고 달아나던 곳

금고리가 지명이 아니라면
저 커다란 간판의 필요 이상은 속내가 뭘까
어둠에 약한 사람들이 새벽을 흔들면
제 발등의 이슬을 털며 반기던
허름한 볏단 같은 행색行色은 주인의 본연일까
〈

어느 날 간판이 사라진 후에 알았다
간장 국물처럼 얼룩진 장부帳簿에
폐업 날짜가 바퀴벌레로 기어 다니고 있었던 것

파마머리를 잘한다는 금고리의 후일담은

말랑말랑했던 산책길에
으깨진 두부처럼 어눌한 발성법으로
마비된 내 기억을 되묻곤 한다

* 강동구 성내동에 있었던 동네 슈퍼마켓 이름

긴 고랑길 내려오며

아차산과 용마산이 접점 하는 관절 부위
마모된 기억에 칼끝을 댄 자국이 있다
길고 가느다랗게 남아 있는 숲길의 흉터

산의 뼈를 더듬으며 물이 저희들끼리 쑥덕거리며
계곡을 내려오던 때를 생각한다
숲과 숲 사이 얼굴 파묻고
긴 고랑 따라 풀씨 하나 심어놓았을

낮은 물소리에 잘린 귀 묻어둔 내력
저 벼랑은 증언할 수 있을까

보루1과 보루4 사이 온쉼표로 건너뛰며
붉은 숨소리 토해내는 계곡은
바위와 바위틈 어디에도
소금쟁이 그림자조차 남기지 않았는데 물고기들은
그 투명한 날갯짓을 어디에다 접어놓았을까

물의 고랑에는 애초에 무엇을 심을 일이 아니다
허리 휘어진 잡풀 무심코 꺾어 들면

피 냄새 맡고 달려드는 모기떼들

계곡의 종내는 저렇듯 뼈만 남는 거라서
부유하는 물의 기억을 이식할 수 없다

반성을 회수하지 못하고 하산하는 길
물의 사슬을 끊기 위해선 좀 더 날카로운
익명의 연장을 장만해야 하리

잠결에
흐르는 물소리를 따라가던 내 갈증은
계곡보다 보폭이 깊어지고 있다

나폴레옹제과점

흰 가운들은 대체로 입이 없다, 약사들처럼

빵들은 처방전대로 차분하게 앉아 있고
간간히 들썩이는 바람의 외투
유리창이 둘 사이의 잇몸을 반죽한다

나폴레옹 모자처럼 생긴 초코크루아상이
이 집의 명물이지만
소환날짜가 각기 다른 익명들 사연들
가장 따끈했던 발효의 연대$_{年代}$를 부풀리고 있다

초면처럼 갓 구운 둘레를
집게로 이리저리 눈치 살피는 연인들
나란한 쿠키들이 아이들처럼 재잘거리고
손이 긴 바게트는 일행보다 먼저 이층으로 올라간다

우리는 한 시간째 입이 마려운데
밖엔 눈이 그치고 전깃줄이 질질 새는데
빵 부스러기처럼 남은 마지막 말을
먼저 주워 담으려 하지 않는다
〈

식은 커피가 잔의 바닥에 무늬를 새기는 동안

나선형의 계단을 따라
달콤한 입의 근간에 묻은
또 다른 초코크루아상이 얼굴을 맞대고 있다

발산이라는 동네

내 가방은 어쩌다 이곳까지 오게 된 걸까

간밤이 소환됐지만 기억은 완강하고
발산역 4번 출구는 알리바이가 없는데
가양이나 화곡이 그리 멀지 않다는 것
그러나 내 발길은 삼십 년째 제자리다

민들레 홀씨가 바람을 꽉 움켜쥐듯
발산과 내가 접점 하던 시절
몇 대의 버스가 어디까지 흘러갔는지
강변의 사람들 어디쯤 내려 모래알로 반짝이는지
따뜻한 국물 한 사발로 덥혀보지만
김이 서린 내 몸은 통로를 쉽게 찾지 못한다

그래 다행이다 발산이라는 동네

저녁의 낮은 불빛 사이로 살며시 문을 열고
같이 간 발자국만 몰래 두고 돌아서던
그 노래를 다시 부를 수 있을 것만 같다
〈

잃어버린 가방 속 한 줌 한 싹의 숨결
나도 모르게 쑥쑥 자라던 이유가 있었네

도서관 한쪽 구석에 핀 민들레 홀씨를
확 불어보고 싶은

봄날

낙원삘딩

저 오래된 악기의 지붕은 악어가죽으로 덮여 있다

뱃속에는 미처 소화하지 못한
잡다한 소음이 부글부글 끓고 있다

악기 상점들은 건물의 오케스트라 단원이다

관악기와 현악기의 발성연습이 한창인 낡은 의자와
연약한 구조물의 성대를 받쳐 들고
오를 때마다 고음으로 삐걱이던 나무계단과
레퍼토리가 저음인 환풍구 소리가 앙상블을 이루고 있다

자발적으로 악어의 입속으로 들어가
세상의 분별을 찾아 악기를 장만하던 사람들
창가의 노을이 세레나데를 연주하는 동안
그들은 정말로 낭만주의자가 되었을까

이 도시의 늪지대에서 반쯤 얼굴을 가리고
고장 난 심금을 유혹하는 종로3가 낙원삘딩
〈

누구나 이곳을 지날 때면
한쪽 다리 정도는 잃을 각오를 해야 하는데
진열장 속의 바이올린을 꺼내어
용감하게 악보 없는 세상을 연주하던 그가 보고 싶다

금빛 문양의 간판이 아직도 휘황한
연미복을 차려입고 납작하게 지휘봉을 치켜올리는
검버섯 핀 저 건물 속

소리를 잡아먹는 악어들이 득실거린다

개운산이 어디 있지?

넘어 본 적 없다, 한 맺힌 적도 없다?
미아리고개엔 왜 점집들이 많은 걸까
야트막한 산세가 이곳에선 오로지 수직!
펑퍼짐하게 앉은 꽃무더기가
기울어진 수평을 붙잡고 있다
눈물 한 점의 벼랑 끝, 귀가 잘린 노도怒濤
해안에서 파도는 곡선으로 완강하고
도심의 바닥은 수직으로만 완성되지
안개비의 신새벽에도 잡아끄는 버릇에
제 발자국을 산길에 두고 오는 사람들
종암동에서 삼선동까지 그들의 행방은
스스로에게 신점神占이다
'길눈을 조심하라'는 점괘였으나
배낭 속 지도의 보폭을 줄이지 못하고
생각이 앞장섰다 성북천이 끝날 때까지
척척 달라붙는 어둠의 부적을 붙이고
수직으로 껑충거리는 집들

아슬아슬한 지천을 누군가 꽃이라고 지칭했다

2부

산수갑산 아바이순대

숨바꼭질하듯 첩첩산중에 숨었나
쇄출기의 화음을 귓바퀴에 가득 눌러 채운
을지로3가 골목은 꼭 순대를 닮았지

소문과 맛의 길이를 재어본들 비밀은 비밀
줄자처럼 혓바닥이 길어진 사람들
간절함이 구불구불 산수갑산인데

휘몰고, 잡고, 빼내고, 채우고, 끓이고, 썰어야 하는
과정이 한 그릇의 절정이고 레시피인

완미完味하기 전에 인증샷도 필요하지만
눈 코 귀는 벌써 입으로 몰려 있지
식욕보다 먼저 기분이 부풀어올라
무색무취로 닿아야 할 곳은 믿음인가 바닥인가

자연스레 발동하는 추임새에 잔을 들면
겹겹의 산수갑산 가락이
오늘은 긴 철책길 넘어

이남以南하고 있다

내시네 산

안개가 중랑천 모래톱을 갉아먹고 있다
밤새 거처하던 산에서 내려와 발을 씻고
다시 홀연히 사라지는 무덤들과
안개의 행적은 어딘가 닮아 있다
안개의 둥지가 공중에 가깝다는 건 풍문일 뿐

녹천鹿川에는
와룡모를 쓴 기이한 새들이
이따금 물속에서 한쪽 발만 딛고
턱을 괸 제 모습을 스케치하곤 하는데
궁궐을 향한, 그들의 서쪽은 항상 외로워 보였다

산길 오르자 자세가 기운 석상들 여럿
지나가던 바람이 가까스로 뒤를 받쳐주자
낮잠을 자듯 얼굴이 편안하게 지워져 있다

꿈속에서, 석상들은 사내로 태어난 게 사뭇 궁금해
거세된 아랫도리에 힘을 주어 보기도 하지만
그때마다 정자처럼 산허릴 감싸는
뿌연 안개

〈
더 이상 외롭지 않으리
마을 사람들 후손처럼 들락거리고
그중엔 수염 난 문인석文石人도 더러 있다고 하니

녹천의 물길이 천 갈래로 흩어졌다가
대대손손 모여 흐르는 벼루말 각심절 능골마을

중랑천 둑방엔 내시네 일가가 늘 만원이다

눈 내리는 충무로 인쇄골목

첫눈이 왔을 뿐인데
쇄출기가 고양이 발걸음처럼 느릿느릿해지고

첫눈이 왔을 뿐인데
갑자기 허기가 져 순댓국에 소주를 시킨다

어쩌다 첫눈이 왔을 뿐인데
흐린 창밖엔
알 수 없는 그림자가 오래 서성이고

첫눈이 오자 인쇄골목 사람들은
그동안 망설이던 기차를 타고
고향의 설원을 향해 달리는 꿈을 꾼다

늙은 쇄출기가 밤새 콜록이던 골목골목에
아픈 상처를 더듬듯
눈은
낡은 입간판을 어루만지고 천막 위에
흰 천막을 덮는다
〈

그곳에 맨 처음인 듯 쓰여진
눈의 마지막 문장에다 마침표를 찍으려
들뜬 사람들의
분명한 발자국이 지워지고 다시 찍히고 있다

어쩌다 첫눈이 왔을 뿐인데
늙은 암고양이
밤새 낡은 쇄출기 위에서 내려올 줄 모르고

좌우 막힘없이 몸놀림 가볍던 지게차는
눈송이 하나에도 무거운지
혼곤하게 잠들어 있다

답십리

마누라 없인 살아도 장화 없이는 살 수 없었지

질척이는 건 미나리밭이 아니라
지붕 낮은 집의 진흙 같은 불빛이 아니라
시도 때도 없이 뻘밭이 되는 삶

답십리에서 한 번이라도 빠져 본 사람은 알지

넘말의 허연 달빛 때문이었는지
간데메에서 장안평까지 바람에 넘실대던
금빛 억새밭 때문이었는지
스스로 옭아맨 자리가 궁금한 사람들은 알지

촬영소에서 무성영화를 보고 온 날
꿈속에서 흐릿한 화면처럼 밀려온 바다를
몰래 마중 나갔다 돌아와 밤새 뒤척이던
청춘은 그러나 어느 날 갑자기 완성되는 것
겨우내 눈사람이 된 그녀는 돌아오지 않고
돌하르방 같은 아버지는 가계도를 찾아
골동품 거리를 샅샅이 뒤지곤 했는데

〈
답십리에서 한 번이라도 빠져 본 사람은 안다

미나리꽝 파릇파릇 돋아날 때까지
가만히 귀 기울여야 완성되는 삶을

한 뼘도 내딛지 못하고 끝내 망설이던 삶이었음을

대림동 중앙시장 돌아보기

조선족 사람들과 한때 통속했다
한자어 간판보다 연길랭면에 골몰했다

눈치 보지 않는 식탁은 대륙적인 기질 탓인가
말수 적은 입이 근질거리는 게 수상해
몇 걸음이 또 배고픔에 말을 건다

동전과 반비례하는 얼굴만 한 빵들
처음엔 크기를 먹었지만 먹을수록
맛의 구멍이 점점 비좁아져서
어릴 적 고향마을 우물가에서 뜯어먹던
퉁퉁 불은 보름달이 떠올랐다

대림동 중앙시장 좌판에는
투박한 북방의 말투가 흥정을 더하고
남녘에서 연변으로, 연변에서 다시 서울로
바람처럼 떠돌던 삶의 구근들이
까맣게 그을린 쳇바퀴를 돌리고 있다

소힘줄처럼 질긴 조상들의 이야기와

지금은 통용되지 않는 고구려의 화살촉과
사납게 휘몰아치던 변방의 눈발까지
오래전의 목록을 기꺼이 환전해가는 사람들

이곳 어딘 가에서도
내 영혼의 망명정부가 벌집처럼 윙윙거린다

명동에서 줍줍*

명동은 수만 가지 얼굴들의 무덤

갈 때마다 서로 다른 표정이 되어 돌아온다
쇼핑백에 담긴 각국의 언어는
입구와 출구가 같은 깃발 하나로 모였다 흩어지고

사방의 길에 갇혀도 포로가 아닌 까닭은
누군가가 먼 훗날 이방의 혈족으로
아무런 간극 없이 마주칠 거라는 예감 때문

명동은 키가 한 뼘도 자라지 않고
나만 훌쩍 커버린 기분이 들 때가 있지
천만 번 시력을 갈아 끼워도
저 표정들 뒤에 숨어 있는 내가 잘 안 보일 때가 있지

바나나구이와 구운 아이스크림을 먹고
새로 생긴 표정 하나를 바구니에 담을 때
옆에 있는 당신은 또 누구인가, 다국적으로 읽고 가는

내가 떨어뜨린 얼굴은 또 누가 쓰고 가는지

흘린 표정을 서로 줍줍 하는 재미
흘리다만 표정을 다시 주워 담는 재미

주말 명동에 가면 쏠쏠하거든

* '줍고 줍는다'의 줄임말, 게임에서는 버려진 아이템이나 돈 따위를 줍는 것을 뜻하고, 인터넷상에서는 웹서핑을 통해 자료(그림이나 글 등)를 수집했다는 것을 뜻함

손기정 공원의 모과는 오늘도 달린다

손기정 공원을 오를 때 보았다
바람과 햇빛의 동력을 한껏 장전하고
마치 스타트를 알리는 총소리가 울리면
금방이라도 확 뛰쳐나갈 것 같은 자세로
주렁주렁한 누런 모과들
과연 누가 가장 먼 곳까지 굴러갈까
저희들끼리 쑥덕거리다
이때다 싶으면 놀이터의 미끄럼을 타듯
순번 없이 투신하는 모과들

죽음은 한낱 놀이일 뿐
콘크리트 비탈길을 통통거리며
저희들끼리 박수 치며 깔깔거리는
저렇게 소란스럽고 유쾌한 레이스를
몇몇 산책자와 바람만이 읽고 간다

하관을 준비하듯 골목은 늘 비워 있고
문지방을 가늘게 넘어오는 노인의 기침소리가
간간히 마른 가지를 흔드는데
〈

한참을 달려 온몸에 생채기가 난 모과 하나
어느 집 문턱에 걸터앉아
더 멀리 가지 못해 못내 아쉬웠던지
겸연쩍게 웃고 있다

모래내, 2015

모래내 사람들은 버들치를 닮아 있다
둔치의 쇠백로를 닮아 있다

노을이 발뒤꿈치를 들어 올리는 저녁 무렵

모래내를 사천沙川이라 불렀더니
입속에선 검은 모래가 서걱대고
네가 살던 가재울에선 흰모래섬이
편도선처럼 돋아났지

쌀뜨물처럼 뽀얀 앞냇골 저녁연기
수색 쪽으로 가는 마지막 기적소리에도
기다리던 아버지는 오지 않았어

너를 생각하면, 세검정洗劍亭 맑은 물이 다시 고여
젖은 모래 한 가득 실은 트럭으로
나는 돌아오곤 했지

그때 다 말하지 못한 내 입속엔
남은 모래알 몇 개

봄볕에 하루 종일 그을려도 투명하기만 한데

모래내, 좌판의 선지피 같은 어둠 속을 너는 통과했어
모래내, 그 소리만 들어도 슬픔이 멈추지 않던

벼락골모퉁이^{**} 옛집과 함께

너를 통과하지 못한 나의 사랑
점점 아득해지네

*, ** 서울시 서대문구 모래내 주변 가재울에 있었던 마을 이름

문래동에는 사나운 짐승들이 산다

철근을 안으로 구부려 제 몸의 뼈대로 삼는 사람들이 있다
납작하게 세상을 세우는 사람들

탕,탕,탕 과거가 끊임없이 중심을 잡는다
탕,탕,탕 두드릴 때마다 가슴이 뜨거워지고
마디마디 숨은 그늘에 훈풍이 분다

너는 무엇으로 내리치는가 어디에서부터
흩어진 마음 불러 모으는가, 갑자기
대성공업사 양철지붕을 해머질 하는 비, 소리의 장막에
튕겨져 나간 빗줄기들

이윽고 숨은 폐윤활유의 행방을 추적한다
사내들의 얼굴에도 잠깐 동심원이 퍼지고
다시 반짝이는 태양

음역이 넓어진 오후가 거리에 쏟아져 나오고
지붕 틈새를 더 옥죄는 소리의 뿔
〈

문래동에서는 철의 공명이
저마다 삶의 염전으로 달구어지고
귓전에 가장 오래 머물던 모난 말들
짐승의 털처럼 유순해진다

문래동에 가면
우리 안에 갇혔던 철의 고저장단高低長短이
엿가락처럼 삶의 맨 안쪽부터 휘어져
골목으로 끝없이 퍼져나간다

난곡동에서 죽음의 방식

마치 오랫동안 준비했던 것처럼 죽음은
골방에서 사흘 만에야 꺼내졌다
이웃집 할머니의 말이 적중했다
들키고 싶지 않았지만 들키고 말았다
잠든 척하며 119차에 실리기 전까지
죽음은 가장 평온한 잠에 떨어져 있었다
지상에서의 마지막 만찬
틀니를 물고 하늘을 응시하고 있었다
최초의 발설자가 얼굴을 쓰다듬자
식은 손이 침대 밖으로 튀어나왔다
의심할 여지없는 자연사라며
구급대원들은 시신을 재빨리 수거하였다
가족들은 아직 도착하지 않았다 어쩌면
목격자들이 유가족이 될지도 모른다

하필이면 가파른 언덕길 꼭대기 삶이었다니
이제 길을 내려가야 하지만

평평한 곳을 향해 그는 처음 올라가고 있는 중이다
〈

딱 한 번만! 하고 눈 뜨려다
내려가는 길을 보고
안심한 눈을 다시 감았다

상계동올림픽[*]

초저녁인데 버스가 마들평야 어둠에 갇힌다

쓰레기 타는 냄새 무임승차하는 마을
종점이 어디인지
갈피 없이 가물가물한 서울의 동쪽 끝

간간히 개 짖는 소리 스테레오로 울리면
검게 탄 누룽지처럼 언덕에 붙어 있는 마을

낡은 중고서점 처마 밑에는 간간히 빗물 떨어지고
빛바랜 양장(洋裝)의 책들은 노끈에 묶인 채
난로 곁에서 불을 쬐고 있다

동굴처럼 축축한 상계동 173번지
리어카도 책가방도 아궁이에 그을린 채 잠이 들고

여기가 보금자리인데 또 어디로 가야 하는지
곧 불어 닥칠 철거 딱지가 한겨울보다 추운
판자촌 집들
〈

집으로 돌아온 나의 머리맡엔
읽다 만 양장의 톨스토이 인생론

그날의 상계동 중고서점
낡은 불빛 한 자락

* 서울의 재개발 문제를 다룬 다큐멘터리 영화

성내동 오케이바둑학원

오케이바둑학원은 자정이 넘어서야 불이 꺼진다

묘수 찾기에 골몰하던 원장은
밤하늘처럼 커다란 자석철판 위에서
흑백의 점액질을 가까스로 분리한다

그는 어떤 돌을 쥐었을 때
승률이 더 좋았을까 아니면 지루한 무승부 끝에
언젠가는 승부수를 던져야 한다고 다짐하지만

성내동 밤하늘의 무수한 별들
원근과 명암의 자리를 고집하지 않는다
수억만 년 전 허공 어딘가에
묻어둔 묘수가 문득 손에 잡히는 행운이 올까
뒤숭숭한 삶을 잔뜩 움켜쥐고
강변에 나가 힘껏 던져보는 사람들

점액질로 망설이던 점 하나
드넓은 반상 위에 뚝 떨어져
마침내 벼랑이라고 생각하는 순간

〈
평생 답보 중이던 가계도家系圖의 윤곽이
생시처럼 환하게 떠오른다

성수동聖水洞, 그 세상의 바깥

우린 아직도 그곳에 있네
성덕정聖德亭의 느티나무 등걸
억새풀 강변에서 반딧불이 쫓아
머언 지구 바깥을 떠돌다
두무개의 별똥별로 떨어지곤 했지

세상 아직 두려워 강변을 맴돌던 시절
목련꽃처럼 눈망울이 커다란 한 여자를 만났어
용접봉 끝에서 불꽃이 필 때
그녀는 담벼락에 기대어 꽃잎 떨구었지
망초꽃 같은 강변의 아이들

슬레이트 지붕이 견딜 만큼 빗줄기는
해머처럼 두드리고 또 두드렸어
쇠북처럼 팽팽하게 살고 싶어서
자꾸만 오그라드는 가슴을 잡아당겼지

공구들과 함께 녹슬어가는 벽면 한 구석
절사折死한 계절의 그늘에
서늘하게 쏟아지던 두무개의 별똥별들

〈
성덕정 느티나무 등걸에 앉아
눈부셔 눈 감고 부르던 그 노래가
아직도 우주 바깥으로 떠돌고 있을지 몰라
아직도 성내동의 밤하늘을
불야성처럼 흔들고 있을지 몰라

* 한강과 중랑천의 두 물줄기가 만나는 곳

수색역을 지나며

수색은 내 스무 살 무렵의 간이역

버스가 난지도에서 심하게 울렁거릴 때
세상의 모든 쓰레기가 숨을 쉬고
깨끗한 이별을 위해
우리는 주저 없이 그곳을 통과했지

회색의 역사驛숨를 빠져나온 사람들
까만 먼지들로 새처럼 날아가고
새들은
붉은 하늘의 먼지가 되어 사라졌다

비만 오면 온통 물바다라 물빛골마을
가난 때문이 아니라는 듯
작은 상점이며 채소밭이며 골목들이
순순히 물길을 내어주곤 했지

물이 다시 빠지면 온통 뻘밭이었다
발이 느린 노을이 어기적어기적 빠져나가고
무채색의 달이 밤새 상처를 어루만지면

마지막으로 고향마을을 떠났던 사람들
새 떼가 되어 돌아와 젖은 군무를 펼치곤 했다

물이 빚은 동네, 물의 형상을 기억하느라

아직 물색이 남아 있는 대장간과 이발소와 그리고
몇몇 낡은 입간판들
고속의 전철이 지나갈 때마다
수전증手顫症을 앓고 있다

미아리텍사스 약사藥師 이미선 씨

어디까지 갔다 왔니, 순이야
2년 만에 연어처럼 거슬러 왔구나
포주의 감시망을 뚫고 탈출하더니
바깥세상 그리 힘들었느냐
박카스 먹고 기운 차리거라
세상은 모두 지옥이라지만
오죽했으면 그보다 더한 데를 다시 오느냐
제 발로 돌아온 너의 용기가 한없이 불쌍하구나

어제는 앰뷸런스가
목숨보다 늦게 도착하느라
아이 하나가 또 꽃잎 떨구었다
잎이 피기도 전에 맥없이
뚝뚝 떨어지는 동백꽃을
수없이 봐 왔다만
너희가 너희 스스로를 위로할 때
먹먹해지는 게 어디 너희들뿐이겠니

환약같이 응어리진 세상
덧난 슬픔을, 무엇으로 처방해야 하는지

어디에 살던 과거는 꽃잎처럼 잊고
다시 오는 봄처럼 뒤돌아보지 말거라
세월이 그때 가서 망각의 약을 제조해주리니
지금 내 처방전엔 눈물 콧물밖에 없구나

눈물 콧물 닦아줄 용기밖에 없구나

셔블

내가 보는 서울은 다 다르다
얼굴이 다르듯 그래서 알아보기 쉽듯

종로의 웃음과 강남의 미소는
지구와 명왕성의 거리만큼 다르다
표정 하나하나에 자극받은 통점은
별자리처럼 분명하게 뇌리에 박혀
눈 감고도 일거수일투족을 잔상에 남긴다

복수複數의 지점에서 태동했으므로
누군가의 눈에는 관찰 대상이고 영역이고
빌딩 사이 흐르는 복개천이고 거룩한
봄을 위해 참혹하게 베어진 가로수다
가로수길 나목들의 색색의 털실로 짠 방한복이다

어디에 있든 그곳은 이미 서울이라
성북천 물이 쏟아지는 청계천에서
멀미하듯 고개를 처박은 쇠백로이고 왜가리다
철새보호구역인 청계천의 민물고기다
〈

사계(四季)의 거리마다 표정을 바꾸는 기시감
천 겹의 무늬로 된 바람과 맞서 싸우는 방식으로
어느 날 한강에다 종이배를 띄우면
물살에 도감을 찍어 새로운 혁명을 꿈꾼다

쇳소리가 덜그럭거리는 바람 속에서
표정이 각기 다른 기억을 채록한다, 오늘도 나는

사직공원

하늘 받친 담장 기와에
거미가 궁궐을 짓고 있다

지나가던 민들레 홀씨

낙하산처럼
대롱대롱
매달려 있다

3부

을지로 오구반점 五九飯店

백발의 바깥주인은 계산대에 정좌해 있고
등 굽은 할머니가 된 안주인은
심하게 떠는 손으로
60년 된 군만두를 스탠접시로 내민다

45도짜리 독주라야 구도가 가늠되는 일
취기가 밧줄을 타고 올라오고
뜨거운 만두에 벗겨진 낡은 입천장처럼
매번 반성하는 삶

오래된 풍경의 속뜻을 읽어내려
잔에다 거푸 궤변을 채워보지만
식탁에 둘러앉은 몇몇은 의자를 끌어당겨
눅진한 불빛이 못 박힌 나무계단에만
귀를 쫑긋 세울 뿐이다

만두 속이 다시 채워지는 동안 허기는
쉴 새 없이 문을 두드리고

새벽을 두 접시 째 먹어치운 나는,

신설동 골목

이 늙고 병든 골목은 오래된 부처다
가부좌 튼 어둠이다

말이 뛰던 골목, 곱창처럼 구불구불한
파도가 밀려와 해안처럼 얼굴 씻기는

죽은 애인의 기억이 욕창처럼 번지는 저녁
골목 깊숙이 손가락을 집어넣으면
창자 속 같은 어둠이 실타래로 풀려나오는 곳

오토바이가 단번에 사정하고 가는 곳
시궁창의 어둠이
쥐새끼들처럼 사방에 흩어지는 밤
제 방식대로 생로병사 할 혈혈단신의 노인, 그러나
골목은 쉽사리 죽지 않으므로

매일 바닥을 소모하고
바닥이 용암처럼 끓어올랐다가 식어버리듯
자글자글 찌개냄비는 내일의 허기를 담아
고봉밥을 지어 내어놓을 것이므로

〈
비릿한 냄새의 옆집 신장개업이
뽀얗게 화장하고 전단지를 뿌리자
호기심에 골목 안쪽을 기웃거리던 바람이 몰려가
금세 긴 줄이 된다

내가 서 있는 이곳도 노을이 만든 줄이다

아직도 봉천동에 사세요?

아직도 봉천동에 사세요?

네 삶의 꽃말이 뭐냐고 묻기에
하늘을 받들고 사는 동네라고
계절이 오지 않아서 늘 꽃 진 자리이지만
저녁노을엔 누구나 꽃처럼 붉게 물든다고

하늘의 문을 가장 먼저 열고 닫는 곳
어둠의 수문에서 초저녁별이 쏟아지는 곳

그래도 봉천동에 사실 거예요?

자주 부르는 노래가 뭐냐고 묻기에
하늘 아래 떠도는 바람이라고 했다
비탈이 쓰러졌다 다시 일어난다고 했다
리어카가 힘겹게 공중변소를 끌고 간다고 했다
까치고개였는데 꽃들이 몹시 울렁거린다고 했다
하늘만큼 땅이 높은 동네엔
가난보다 부끄러움보다 용기가 더 필요한데
〈

언제까지 봉천동에 사실 거예요?

누군가가 또 물으면
가슴 안쪽 그리움의 텃밭에 꽃씨를 뿌려
두근거리는 발화의 소리, 그대 밤새 잠들지 못하게 하리

아현동 가구거리 3

도무지 기분을 맞출 수 없는 동네가 있다

사람들 하루 종일 북적이다가 쓰레기 더미처럼
새벽이면 다소곳한 동네 불쑥
석류알 붉은 잇몸을 내미는 동네

반짝하던 불빛만큼 반색하는 늘 그 모습이라서
강의 묏등으로 출렁이던 노래
표정 밖으로 기분이 흘러들면
설탕을 듬뿍 묻힌 빵처럼 부풀어 올라

그 동네와 가끔 친해지고 싶어
골목을 서성이다 보면
나는 그 동네를 잘 아는 사람 그러다가
더 꼼꼼하게 기억하는 사람이 나라면
비 오는 가구거리 천막 아래서
가구들의 자세와 나이를 묻고 싶어져
오늘은 정말 무엇이든 축축해져서

고양이 발자국도 흉터가 되는 사람에게

바닥까지 내려간 얼굴은
기분이 만든 천성 때문이라고 말하지

그를 경유해 가보지 못한 곳이 있다면
임대 딱지 덕지덕지 붙어 있는 가구거리
기억의 잠금장치를 거기서 풀어볼 것

오늘 내게 무심코 엎질러진 표정들처럼

애오개

아가야, 백 살 천 살도 더 먹은 아가야
굴레방다리처럼 허리 휘어진 아가야 자꾸만
태어나자마자 죽은 아가야
너의 얼굴 너의 꿈은 어디 갔느냐
꾸역꾸역 좁은 길 올라 황천길 올라
이젠 덩치가 산 만해져 힘겹게 고개를 넘는구나

너를 낳자마자 나는 또 신접살림을 차리고
오래된 나무를 잘라 새로 짠 가구를 들여놓고
너를 다시 잉태한단다 버리지 못한 웨딩드레스
바퀴벌레 들끓던 비좁은 단칸방에서
너의 우렁찬 울음소리 다시 듣고 싶은데

여기저기 개발의 굉음이 너를 삼키는구나 아가야
너의 배냇저고리 너의 까만 눈동자
백 살 천 살도 더 먹은 네가
거대한 콘크리트에 파묻혀 또 한 살을 먹는구나

애오개만 남기고 흙무덤을 파헤치는구나
쇠심줄처럼 질긴 인연의 뿌리를 끊는구나 아가야

이제는 징표를 주렴 마포 공덕 지나 한강변의
반짝이던 모래알처럼 해맑게 웃어주렴

너를 마지막으로 안아보게 해 다오 아가야
고가도로도 굴레방다리도 사라져 간 지금

백 살 천 살도 더 먹은 우리 아가야

아현역 나빌레라 갤러리

누가 저 박제된 나비들의 아버지일까

벽에 붙어 있는 정지된 낢 어디선가
꽃은 피어오름을 멈추지 않는데
오로지 날개로서만 존재하는 나비를
종신형으로 한 곳에 가둔 이는 누구였을까

기차가 날갯짓하며 들어올 때마다
나비 채집가인 역장의 옷에서 꽃가루가 휘날리고
눅눅한 지하 역사驛舍 한 귀퉁이
손바닥처럼 두 날개를 쭉 편 나비들이
미동도 않은 채 풍력을 일으키고 있다

울타리 밖으로, 억울함을 호소하는 편지도 더러 있지만
비바람에 금방 찢기고 마는 세상
상한 날개를 보듬고 밤새워 웅크리던
굴레방다리 아래서
스스로 박제가 되어버린 사람들
혹은 우화 된 꿈은 어디로 갔을까
〈

수인번호 같은 명찰을 달고
불나방처럼 화려한 퍼포먼스를 펼치는
하필이면 그게 마지막 모습으로 각인되어
날개를 소유한 삶의 명명식이 날마다 열리고

지금, 들판을 떠도는 나비 채집 가는 누구인가

역장의 수신호에 맞춰
퇴화된 비상飛翔을 깨우는 전철이 달려오고 있다

연신내

내게 박석고개를 아느냐고 물었지

투명한 미소가 조약돌로 반짝이고
연신내가 내 몸속으로 흐르기 시작했네

낯선 지명이 그녀라고 불리던 시절
그 떨림이 오랜 적막의 서식지를 흔들어 깨웠던가
연서시장에서 마약김밥을 먹고 로데오거리를 걷고
그렇게 서로를 닮아가던 물소리에 귀 기울이다

문득 낯선 곳을 지날 때면 궁금했네
연서천이 연신내가 되고 불광천이 되는 이유가
가끔씩 건천이 되어 목이 마를 무렵
무악재를 넘지 못하고 되돌아오던 질문들

오래 앓은 연신내가 나를 흔들어 깨운다

그녀의 어깨가 왜 한동안 울먹였는지
끝내 대답하지 못했던
연신내는 이제 내게 지명이 아닌

잿빛 사원의 오래된 경전 같은 것
꿈속에서 읽다만 자간字間을 더듬다 깨어보면

나는 아직도 냇가 주변을 떠돌고 있네
울먹이던 너의 어깨로 한참 동안 서 있네

무계정사武溪精舍 길을 걸으며
— 내가 죽고 네가 산다면 이 또한 무릉도원이 아니냐

안평이 몽유도원夢遊桃源의 꿈을 꾼 부암동의 무계정사

안평도, 안견도, 시화詩畵를 나누던 심우心友들도
계유정난과 함께 사라졌지만
그 길만은 아직도 꿈을 버리지 않았다

날마다 사나운 소식을 접하고 도원에 드는 사람들
단 한 번의 밀고자가 되어
다시는 되돌아갈 수 없는 이 길이
지옥같이 아름다운 이 길이
그대에게로 향한 마지막 꽃길이면 안 되나

제 소맷자락에 용매먹이 있는 줄도 모르고
안견은 서운한 작별 인사를 한다
매운바람과 함께 영문도 모른 채 흘러갔지만

죽음 뒤에서 유유히, 안평은 복사꽃에 흠뻑 젖어 있다

꿈을 꾸기 위해 대낮에도 잠을 자고
〈

꿈 밖에서 구름처럼 떠도는 사람들

날마다 몽유도원도의 필사본이 한 장씩 쇄출되는 오늘

누군가가 또 동굴 안으로 노를 저어 가고 있다

* 중국 황제가 쓰던 먹

오쇠동 풍경

매일 국경이 한 꺼풀씩 벗겨지는 마을

그 언저리에 덧난 들꽃들의 이마 위로
활주로가 흉터의 잔상을 남기고
셔터를 누르면, 순간
멀리 밖오시까지 잠복해 있던 적막이 움찔거린다

붉은 글씨로 사납게 휘갈겨진 집들
술 취한 동네 아저씨처럼
아직 철거하지 않은 바람만이 비틀거리고

폐허의 깊은 상처를 보듬은 작은 웅덩이 하나
저공의 비행기가 얼굴을 들이대자
파문이 솜사탕처럼 올챙이 꼬리에 휘감긴다

어디 갔을까
꽃다리 도당골 아랫말 웃말 사람들
투명한 거미줄과 호박잎 새순은 그대로인데
낡은 입간판들 쓰러져 도열한 길목에
수십 평 그늘 거느리던 느티나무는

오래된 풍경 너머로 기울어져 가고

비행기가 저녁노을의 자크를 확 잡아당기면
각혈하는 붉은 억새들

하루에도 수십 번 그리움이 차올라
개들처럼 하늘을 향해 킹킹 짖어댄다

옥바라지 여관 골목
— 서울시 서대문구 현저동 101번지

*

어젯밤엔
비명소리도 듣지 못해 더 불안했소
혹시 나쁜 일이라도 일어난 거요

담 하나 사이에 두고
아낙들 마음의 옥살이
철창 하나로 두 사람을 가둬놓네

여관의 문풍지를 밤새 찔러대는 칼바람
마치 심장을 뚫는 듯하오

*

옛 서대문형무소 앞
흔적만 남은 옥바라지 여관 골목
재개발을 앞두고 퀭한 발걸음들
이제는 도심 속의 수형지受刑地같다

일제와 민주화 시대의 모진 고문을
더 아프게 감내하던 아낙들의 생애가
오늘은 무악재 아래 안개비의, 젖은 발자국이라

*
한때 누구나 영어囹圄의 몸이었을

내 마음의 옥살이는
누가 보살펴 줄텐가

누가 내 빈한의 구들장에
따뜻한 솜옷 한 벌 넣어줄 것인가

영천시장의 내장탕 한 그릇 비우니
관절 마디마디 숨은 오한
옥수수 껍질 하나둘씩 벗겨지듯 하는데

마침내 고문으로 단련된 삶
몸도 영혼도 끝끝내 불 지피다가

봄 한철엔

언 강산 구비구비 흐르게 하네

왕십리

리파똥호프집 젊은 사장의 콧등엔
파리똥만 한 점이 붙어 있다
가짜 향수가 더 자극적일 때가 있지

뽕짝과 포크송이 경양식집 돈가쓰를 먹다
주인공의 운명이 뒤바뀌는 영화를 본 적이 있다
짙은 노을에 뒤범벅된 분뇨 냄새와 함께

(오! 과거는 생각보다 그리 멀지 않군)

그 옛날 도성에서 십 리면 다소 먼 길일까
마라톤 선수 같으면 10분 거리
2호선 전철로는 5분이면 족한데

어느 날 거리를 반분해서
왕십리에서 만나자고 한 친구가 있었지
질긴 곱창을 씹으며 취기마저 반으로 나누던

파릇파릇한 미나리꽝이 쑥쑥 자라 슬프던 곳
비가 오면

성저십리는 어느 쪽에서도 아득한 거리

나의 외도外道는 지나쳤다*

경계와 감각이 무너진 거리가 십 리 밖으로 흘러간다

* 박목월의 詩 〈왕십리〉 한 구절

창신동에서 있었던 일

집들이 고장 난 TV처럼 쌓여 있다, 블록처럼
멀리서 보면 언덕 위의 그것도 작품이다
칸마다 지지직거리는 흑백의 자막들
매운 족발을 먹으러 왔다가 물을 들이켜는 건
자발적인 퍼포먼스다

백남준의 집터에서는 오리백숙을 판다
뒤뚱거리던 멜빵바지가 흘러내릴 무렵
느슨했던 길들은 허리춤을 단단히 여미었고

유목민들이 제 살던 곳을 기억하기 위해
벌판에다 별 하나씩 새기듯 사람들은
붉은 살코기 냄새로 시간의 옷을 껴입는다

그가 늑대처럼 어슬렁거린다는 소문도 그 무렵
오리백숙을 파는 창신동이라면 가능한 일

벼룩시장 풍물들이 생가 주변에서
또 다른 퍼포먼스를 준비하는 모양이다
〈

구겨진 화면을 잔뜩 실은 오토바이가
올이 풀린 하늘을 잡았다 놓는 연습을 반복하고
그가 돌아온다는 뜬금없는 얘기들을 흥정하며
풍물시장은 날마다 부풀어 오른다

세검정洗劍亭에 대한 단상

인조반정 때 무사들이 이곳에서 칼 씻었단 말
운치가 좋아 정자를 세웠단 말
조선시대 때 조지서造紙署가 가까이 있어
사초史草를 흘렸단 말

파발마의 세월을 다 믿기 어렵네

메주가마골에서 된장을 만들고
환향녀들이 용서받기 위해 몸을 씻었다거나
여염집 아이들이 판석에다 붓글씨를 연습하였다는데

어디까지 사실이란 건지
짐짓 시치미 떼고 서 있는 저 세검정

겸재의 세검정도洗劍亭圖와는 뒷배경만 빼닮고
다산의 유遊세검정은 있을 법도 하지 않은

담장도 뜯기고 발아래 계단도 실족해
동네 그늘 터보다 못하단 말 크게 틀리지 않아
〈

서울시 기념물 제4호 세검정

매연 가득한 도로변에 흉물처럼 나앉아
마른버짐 핀 홍제천만 물끄러미 쳐다보고 있는데

뭘 믿으란 말이냐

진실은 어디에 감추고
뭘 어떻게 믿으란 말이냐

수진궁壽進宮길* 걷다

*

길의 취향을 묻는다면 나는 무채색에 가깝지만
처음 들어선 길에서 발기한 적 있다
날것의 냄새는 송곳니를 감추지 못한다

지금 막 지나간 여인의 뒷모습이려니 해도

*

후손을 귀히 여긴 왕실에서
백자천손百子千孫이 번성할 터라 하였는데
제안대군齊安大君의 기색증忌色症은 나날이 깊어갔다
그는 남녀 성교를 연상케 하는 방아 찧기도 못하게 하였다
계집으로 인한 궁궐의 권력다툼과 반역에서 그는 자유로웠다

*

수진궁길 맨 꼭대기 사연을
쿵쿵거리며 탐지견처럼 통과하고 있는 중이다
행정구역상 율곡로4길,

지나가는 여인의 치마폭을 들추는 사건 따윈 없었다
수백 년 동안
방부제를 쓰지 않아도 부패하지 않은 골목
보도블록 몇 장만이 반역하듯 뒤틀려 있을 뿐

*

사실적인, 사실과 다르더라도
살과 살기殺氣는
냄새의 부위가 사뭇 다르지 않아

나이 먹으니 이 골목을 수긍하겠다
기색증으로 성품이 어리석었지만
처성자옥妻城子獄에서 벗어난 제안대군이 부러울 때가 있다

대낮에 조계사 담장 뒤 수진궁길 걷는다

때때로 잘 수그러들지 않는다

* 서울 종로구 수송동 일대

연희동

계단이 휘어진 카페에서 커다란 개가
꼬리도 없이 표정만으로 맞아 주었다
주말 이 동네에서는 길을 잃기 쉽다

머릿속이 복잡하면 풍수지리가 생긴다는데

그래도 역류하는 피와 순응하는 피는
그럭저럭 한 동네에 살고 있다
지나가다 문득 짖고 싶었던 날들
미로 같은 집의 구조를 개는 단순하게 한다

짬뽕을 먹을까 짜장면을 먹을까
쇼핑센터 안으로 숨어 결정을 미루고
부자들은 몹시 귀찮아진 일로
사람들은 그냥 소나기가 내리면 좋겠다고 한다

남녀 한쌍이 의례적으로 개를 만진 후
가장 구석진 곳을 찾는다
구석진 곳이 많은 이곳은
밝은 구석이 점점 비좁아지고

〈
짜장면을 먹은 다음엔 또 무엇을 할까
저녁의 모든 식당이 입을 봉하면

다른 동네로 몰려가 배 터지게 먹어야 하지만

이태원 약사略史

노변 카페의 엔틱의자에 앉아
아까부터 시거를 피우고 있는 사내
몇 세기 전의 풍속화일까
봉수대는 다급하게 왜군의 침략을 알렸지만
운종사 여승들은 적장의 애를 베고 말았다

목멱산 기슭에 배꽃 흩날리면
녹사평의 바람이 황포돛배를 더 밀어 올리고
강변마을 굴뚝에선 흰 연기가 모락모락 하던

간식용 칠리소시지케밥을 들고
이슬람사원을 향해 언덕을 오르는 사람들
노변 카페에 앉아 서로의 눈을 들여다보며
이방의 피를 수혈하는 일
성전을 앞둔 용사의 마지막 결의처럼
붉은 칵테일 잔을 높이 들어올리면
새벽은 이슬의 잔으로 희석될까

그런데 아까부터 저 의자에 앉아 있는 사내는
누구인가

〈
찢어진 청바지 호주머니에서 꺼낸
쿠바산 시가를 말아 올리기 시작한다

정동 거리의 피아노

덕수궁 돌담길 부드럽게 밟고 다니는 건반소리

한 여인이, 손가락으로 햇살을 물수제비 뜬다

돌은 돌담에 막혀 찰랑거리고

돌담길 따라나선 파도는 해안을 들어올린다

새하얀 덧니가 튕기는 물살의 현

떨어져 나간 바다의 귀가 쉴 새 없이 돌아온다

등대 같은 여인의 흰 등에는 모래알, 모래알

보도블록 위에다 알을 낳는 여인의 파도가

한 장씩 거리에 박히면

뒤를 돌아보는 사람들은 다 환한 물속이다 천천히

탯줄 달린 우주복이 떠다니듯

귓속에는 무중력이 고이고 무산소의 도심은

대낮의 날 선 소리에도 반응이 없다

이빨이 허연 피아노만 남고 돌아선 돌담길

풍경이 만들어지자 노을이 서터를 누른다

4부

후암동 108계단

욕심 없이 살아왔다지만
가파른 돌계단을 피할 수 없다
삐걱거리는 몸이, 한낱 나무계단에 불과했음을
등 뒤에는 푸른 파도靑坡의 종소리
만리고개 너머 구름 흩어지던 날들이었다

가위바위보 하듯
백팔번뇌의 계단을 오르다 보면
그 끝은 해방촌, 다시 업력業力의 시작이다
어디쯤에 신궁神宮이 있었던가, 두텁바위厚岩는
과거의 내상內傷에도 덤덤하게
상처 난 골목길을 어루만지며 서 있고
흥정만 하다 재래시장에 남겨진 과일들
내리막길에서 더 가파르게 앞질러간다

꿈속에서도 108계단을 오르는 사람들
새들은 서울역 광장 앞에 붐비지만
오르고 올라도 허방뿐인

편차가 줄어들지 않는 계단 어디쯤에서
해방될 수 있을까, 삶은

종로5가 진미육회 3호집

한 줌의 목숨, 한 컵의 사이다, 한 시절의 꿈이
마주 앉았다 종로5가 육회비빔밥 집에서

이 떨떠름한 관계가 두 번째 ( )문항

녹두전 냄새가 회벽에 막혀 통곡하고
뜯기지 않는 미래가 과거로부터 돌출된다
밖은 어스름이지만
불이 붙기 시작한 놋그릇, 육회의 저 선홍빛 처연함

도배질을 다시 배우게 된다면
방산시장에서 꽃무늬 벽지를 고르던
아득한 신혼시절도 되돌려질까
한때 우리는 누구나 벽지 위에 벽지를 덧댄
삶이었지 초록의 무늬였고 금박의 실크였지

벽의 두통과 벽의 내분과 벽의 뒤틀림을
노래와 은유로 다만 낙서했지만
잉여의 시간들을 어디에다 붙일까 망설이는 지금은
시뻘건 자창刺創 한 접시

〈
서로의 얼굴을 분탕질하듯 쓱쓱 뭉개진
한 시절과 한 목숨이
언젠가는 핏물보다 붉게 벽에 스밀 것이니

중곡동 가구거리

톱밥을 쏟아내던 나무들이
정장을 차려입고 있다 이곳을 지날 때면
정전기처럼
내 옷에 톱밥 몇 개 달라붙는다

아열대 혹은 툰드라의 극지방에서
그들은 애초에 나체주의자
입고 있던 바람의 외투를 한 벌씩 걸치고
머언 시원의 땅 가까이 닿을 무렵
그들은 서 있는 채로 잘려
바다나 강의 뱃길을 따라 이곳까지 달려와
조명이 은은한 실내악의 리듬을 밟으며
연미복 차림으로 주인을 기다린다

중곡동 가구거리에 축축한 비가 내리면

한때 뒤틀렸던 생각들, 옹이 진 사연들
균열의 시간을 파고드는 비겁한 미래를 위하여
천둥과 번개로 다시 한번 온몸을 균질한다
〈

신혼부부 한쌍이 침대에 벌렁 누워
튼튼한 다리인지를 시험하고 있다

하루 종일 서 있는데도 어디 하나 부서지지 않았다

한때 나무였던, 뿌리가 커다란 기호였던 가구들이
툰드라의 극지방으로
눈송이 문자를 발송하고 있다

신설동 붕어빵 가게

수익이 목적이라면 낚시가게를 차렸겠지

그의 배후에 벌침연구회 플래카드가 나부낀다
붕어와 벌은 그에게 근친상간이다
저물녘이면 그는 벌집 같은 하모니카를 분다
정체가 심한 신설동 우체국 앞에서
도돌이표 소인이 찍힌 하루를 연주한다

문득 난기류의 오거리에서 혼자 머뭇거릴 때
누군가가 플래카드처럼 바람에 울렁거릴 때
하모니카 소리는 벌집처럼 윙윙거린다

봄 다음에 겨울이 오고 가을이 오는
한여름의 붕어빵에도 단팥이 가득할까

누런 종이봉투 속엔
뜨거운 가슴을 호호 불어야 열리는
단팥처럼 들끓는 잉어의 하루

제 몸의 열기에 스스로 질식사하는 붕어빵처럼

어느 영혼의 냄새를 배웅하는
하모니카 소리

나는 그의 배후가 의심스럽지만
한 번도 노래하지 못한 날짜들의 저녁이면
웅웅거리는 내면을 이해할 수 있을 것 같다

삐쩍 마른 물고기가 바람을 댕댕거린다

아현동 재개발단지

골목길 오르자 철커덕 빈 문이 입을 열고
기척 없던 침묵이 새어 나온다

채소가게에선 잠시 흥정이 오가고
목적지를 향해 오토바이가 말줄임표로 사라진다
지친 병사들처럼 붉은 깃발이 간헐적으로
바람의 물을 한 모금씩 마시고 있다

한랭전선이 며칠째 서울 도심을 가뒀으나
늘 추운 이곳에서는 일기예보에 귀 기울이지
않는다 돌덩이에 실금이 간 얼음처럼
무수한 균열을 견디며 살아가는 사람들

가끔 담벼락을 고치거나 땅을 파내어
가래 끓는 하수관을 교체하지만
삶을 송두리째 바꿀 수는 없다 동네 병원이
문턱이 닳도록 처방전을 써주어도
잘 낫지 않는다 오늘처럼 내일이 저려오는데
상술도 언젠가는 특효약이 될 수 있을까
〈

기습적인 폭설이 아슬아슬한
경계에 있던 집이며 언덕을 한꺼번에 허물던 날
동네 어르신 한 명이 빙하의 시간을 풀고
화장터로 갔다 가족들은 물이 흘러내린
벽을 닦고 예전처럼 얼음 같은 침묵 속에서
쌀을 안치고 설거지를 한다

재개발 딱지를 붙였다가 뗀 자리에
너덜너덜한 계절이 몇 번 왔다가고
등골이 휜 나무가 어금니 몇 개로 서 있다

송두리째 바꿀 수 있는 게
저 눈부신 햇빛 말고는 없는 마을에
그림자처럼 희미하게 오래 서성거리던 날들

발끝보다 머언 지상의 꿈을 털어내고 있다

중림동 어시장 2

새벽마다 어제가 일으키는 하루

부러진 잠의 마디를 집어던지면
모닥불 주변을 서성거리던 추위가
몇 번의 기침소리와 함께 불길 속으로 뛰어든다

잠시 후 얼음상자에 묶인 비린내가
풍~덩
트럭에서 차례로 미끄러지며
도심의 찬 공기 속으로 급속히 유포된다

새벽 세시 반, 물때가 이동하면서
서서 잠드는 빌딩숲까지 짠내가 유입되고
검은 창유리에 쉴 새 없이 출렁이는 파도

손바닥에 지핀 모닥불의 잉걸 곁
젖은 눈알이 붉다 그들도
따뜻한 국밥 한 그릇 그리웠을 것이다
꽝꽝 묶인 몸이 식구들 울음소리에 불현듯
화장火葬의 불구덩이에서 깨어나

추운 겨울바다로 다시 달려갔을 것이다

아이스박스에 꽁꽁 묶인 바다는
식당으로 가정집으로 배달되고
이제 곧 하루가 끝나는 시간
출근길 직장인들과 숨바꼭질하듯
감쪽같이 사라진 새벽 중림동 어시장

꺼져가는 모닥불을 경청하다 보면 어느새
얇은 종잇장 같은 잠이 비늘처럼 쏟아지리라

창경궁 회화나무

그는 청맹과니 어둠 속에서 축축한 눈알을 굴리다가
떨군 나뭇잎 같은 생각마저 땅에 묻곤 했다
너무 많은 날들을 살아온 것일까
사람처럼 대접받았지만 사람이 되지 말자고 다짐했다

두 귀도 눈도 바람에 내어준 지 오래
새 울음소리 며칠째 처마 밑을 맴도는데
가지 끝 회색 하늘은 요지부동이다

옹이마저 기둥으로 견고해진 몸속
어디서 통곡하는 소리 희미하게 들리던가
환청인가 싶더니 신열처럼 또
싸락눈 내리고
덮고

아아, 나무로 태어났으니 나무로 살지 말자
늙은 충신의 입은 달무리 굳게 깨물었지만
그날, 나뭇잎처럼 고개만 떨구던 신하들과
나무 그늘 사이로 제왕의 서슬 퍼런 눈빛
둥지에서 떨어진 어린 새의 가슴을 보듬지 못했다

〈
동궐도에 혈죽이 솟고
피울음 삼킨 선인문 곁 매화나무는
어김없이 봄이 오는데

저 나무는 죽은 나무야
아니야 조금 있으면 이파리가 다시 무성할 거야

아무런 말도 들리지 않았다
그는 고목도 괴사한 나무도 아니었다

뒤틀린 몸은 가끔씩 동물 울음소리를 내다가
사나운 비바람에 사방천지 흩날리다가

홀연히 미친 사람처럼 나타났다 사라지곤 했다

천호대교를 지날 때

새벽 두 시의 천호대교는 부력이 없는 공중그네다

음악을 비틀자 어둠이 곡예를 시작한다
출렁거릴 때마다 조마조마한 줄타기
천호ff도 넘는 동네를 천 번 넘게 왕래하는 동안
천 번도 넘게 나를 끌어안던 사람

비가 오면 짓다 만 집들은 하수구로 흘러
강변에 붉은 모래성을 쌓았다

얼마나 많은 불량스러움이 이 다리를 건너왔던가
안주하지 못했으므로 그녀의 집은 없고
집창촌과 경찰서와 포장마차에서
오늘도 우리는 새로운 집을 짓는다

언젠가 다리 위에서 몸을 던진 한 사내
그를 강의 저쪽으로 몰고 간 것은 무엇이었을까
강이 만만하게 받아주지 않는다는 걸 알았을 때
그는 한 여자를 더 사랑하게 되었을까
그 여자의 집은 또 얼마나 울먹였을까

〈
새벽 강을 건너자 천호대교는
안개의 집으로 출렁거리기 시작했다

청계천 연가2
― 도시의 사막

  청계천 물살을 따라가다 을지로3가 부근, 거기 조그만 사막이 있다 사막은 어둡지만 오아시스처럼 갈증 난 자의 눈에는 잘 보인다 사막에 다다라야 비로소 물을 마실 수가 있기 때문이다 고층건물과 소음으로 사막은 종종 안 보일 때가 있다 사막은 영리한 사막의 여우이므로 제 몸을 숨기거나 먹잇감이 필요할 땐 가끔 술 취한 사람의 뒷주머니를 노린다

  사막을 통과하기 위해 구두를 벗고 낙타로 갈아 탈 필요는 없다 사막의 경계를 넘을 때 당신은 초조해하거나 두려움에 떨지 않아도 된다 사막은 아무나 갈 수 있는 곳, 불빛의 행로를 따라 걷다 보면 어느새 다다르는 곳 황량한 모래바람 위에 신기루 같은 나무 한 그루 심어 본 자라면, 불법 이민자처럼 도심 한구석에서 콧노래로 밤을 새워 본 자라면, 사막은 당신에게 몇 푼어치의 아량과 함께 바람의 통행증을 발급해 줄 것이다

  사막은 도시가 낳은 사생아, 먹이를 찾다 스스로 먹잇감이 되어버린 자들의 포로수용소, 도시의 빈민가쯤으로 착각하지 마라 사막은 임대료 비싼

중심부에서 밤새 불을 켜고 성업 중이다 청계천을 따라 을지로3가 부근, 아는 사람은 다 아는 그곳에 사계절이 있고 여자를 돈으로 살 수 있는 불야성의 사막이 있다 살처럼 부드러운 모래를 만져 본 사람은 안다 제 어깨뼈가 얼마나 딱딱해졌는지 사각사각 밟히는 모래알들이 왜 제 몸에서 흘려내렸는지를

　어둠에 기생하는 청계천변, 당신의 그림자를 먹고사는 그곳에
　사막 한 마리가 오랫동안 서식하고 있다

카페 바람드리
― 풍납토성길 따라

갓 볶아낸 원두에서 신선한 바람의 맛이 나요
토성 마루엔 블루베리스무드의 흰구름
한 스푼 얇게 떠서 오늘의 풍향을 테스트하지요
토벽으로 비스듬히 굴러 떨어지는 햇살과
꼭 강기슭의 물살만큼이나 튀어 오르는 새소리는
덤으로 드립니다

전적으로, 바람의 맛을 느끼고 싶다면
카페 바람드리로 오세요
안개를 토핑 한 강바람은 포유동물 같아서
유년의 젖 내음이 터지면 낮잠을 자는데요
그땐 아무리 흔들어 깨워도 소용없지요
바람은 또 육체노동자라서
그의 손으로 지은 들판의 풍경은
금방이라도 달려올 듯 신발을 신지요

오늘은 개의 가지런한 털처럼
바람이 몸을 낮추고 토벽에다 힐끔 오줌을 지리네요
나도 가끔씩 당신의 어딘가에 영역표시를 합니다
빗살무늬토기 같은 바람의 숨결로

〈
전적으로, 바람의 맛을 느끼고 싶다면
카페 바람드리로 오세요
바람의 무늬가 내린 커피, 한번 드셔 보실래요?

푸른 언덕에 올라
— 청파동을 기억하는가

나이 들수록 숨어들고 싶은 곳 있지?
오래 떠난 마음이 추궁했다

들어가면 영영 못 나올 것 같은 미로가 그립지?

집요한 유혹에 누런 솜뭉치 같은
구름을 내다 건 적산가옥과
호박 덩굴로 엮던 슬레이트집 불빛

누가 살아
신발 한 짝 버려진 길모퉁이엔
목련의 그늘에 베인 서늘한 가슴 한쪽
조각배처럼 떠 있고

만리재 너머 출렁이던 푸른 언덕길
오늘은 또 어떤 노래가 노을로 머물다 가는가
피할 수도 돌아 나올 수도 없었던
혼몽한 어둠이 내뱉은 젖은 공기 속으로
유실된 꿈의 입자들
〈

복면을 한 만초천을 따라
밤새도록 울부짖던 그녀

만초천도, 나도, 오랫동안 함께 흐르던 때가 있었다

* 최승자 시인의 시 제목

합정동에서 누군가를 만난 적 있다

합정동의 기억은 머물수록 목이 마르다
우기에 편식하던 슬픔이
깊은 우물로 괸 흔적이 있다

갈증 난 길들 마중 나가면 곧 사라지고
꿈속에선 누운 자리마다 물이 스며들어
젖은 이불 한나절씩 말리곤 했지

합정동에서 다시 너를 만나자고 한 건

아주 오래전 그 우물의 흔적을 기억하기 위함
물이끼 서늘한 둘레를 퍼올리기 위함

두레박을 다시 내리면
가장 깊고 웅숭한 울림이 한 됫박의 물이어서
어디든 찰랑이며 흘러넘치곤 했지만

조개우물에서 피를 씻어냈다는 후일담에
잠 밖으로 잠은 자주 나와 있고
정류장에 길게 늘어진 그림자들은

양화진 물살에 잘린 목이 오래 가렵다

허공을 대롱대롱 매단 잠두봉에서
두레박을 던져 핏빛 노을을 건져 올린다

서소문공원전(傳)

리모델링한 서소문공원에
모닝라이트억새 큰꿩의비름 꽃범의꼬리 하늘매발톱 눈개승마…
노숙자들이 다시 태어났다

뽑히거나 눕거나 하던 잡풀들
속으로 무슨 희망 따위를 품지 않았다면
이런 꽃말의 비화를 눈치챘겠는가

어딘가 또 떠돌다가
제 이름 석자 출토할 땅을 부풀릴 텐데

당신을 기다리던 풍찬노숙의 삶에서
가장 먼 별 하나 발등을 내밀던 순간
폭죽처럼 터지던 붉은 잇몸들
기약 없이 가슴에 묻어둔 고백이었음을
찬 바닥에서 불씨 덥히던 겨울이었음을

그러나 딴청 부리듯,
기차는 여전히 기찻길에만 도달하고

달은 순교의 탑 주변을 맴돌 뿐

급식소 앞에 늘어선 가뭇없는 세월들
풀씨였던 전생의 기억을 자꾸 되묻곤
새로운 꽃말을 찾아

씨방 같은 보따리를 들고 홀연히 흩어진다

밤섬栗島 되찾기

서강대교 북단을 거슬러 오르자
죽은 자의 혼령이 떠다니듯
여의도 발목이 시큰거린다

강 한가운데 매번 접질려진 날들
단번에 산산조각 나고 말았지만
몸은 살아 있었다, 모든 악연처럼

서울 한가운데 기암괴석은 우습지 않냐고?
나룻배를 만들고 염소를 키웠다고?

오로지 너의섬˚을 위해 공중분해된 섬
으스러진 뼈를
언젠가는 다시 곧추 세우리라는 다짐을

기형畸形의 새 몇 마리
없는 섬 위에서 반원을 긋고 있다
그 순간을 마중하듯
보일 듯 말 듯 모래톱이 머릴 내미는데
〈

이게 꿈인가 생시인가

치매에 걸린 팔순의 아버지
창천동 와우산 언덕배기에 올라

한참 동안이나
고향 밤섬을 바라보고 있다

* 여의도

흑석동 비사秘史

강물을 깔때기처럼 옥죈, 유배지 같은 지형地形이다.
가난도, 낯섦도 희게 빛나던 흑석黑石이라는 동네

그래 비만 오면 잠기던 게 어찌 가구뿐이랴 비릿한 골목에 쪼그리고 앉아 까맣게 젖은 얼굴과 집창촌이 접두사로 떠오르던 연못시장, 사타구니가 대책 없이 무너지던 게 어찌 철철 넘쳐흐르던 젊음뿐이랴

사과 궤짝만 한 어둠을 실어 나르던 언덕길 리어카
절뚝거리던 서달산 자락 아래
꽃이 피면 벙어리도 운다는 봄날
젓가락 장단질이 서툰 열아홉 살 순이는
명수대 벼랑으로 달려간 진달래꽃
진달래꽃

뻐꾸기 울음소리 왜 설움인지
해마다 왜 물바다로 허우적거려야 하는지
막걸릿집 흐린 유리 창가에 미처 인화하지 못한
그날의 흑백사진들
〈

얼룩진 눈물 삭아 반쯤 내려앉은
처마 밑에 쪼그리고 앉아
검은 돌들로 씻겨 내려간 날들

노을 속에서 오랫동안 훈제한 기억이 있다

서계동

망설이지 말고 어서 이사 오라는 동네가 있었지

그러겠다고 자답自答해놓고
몇 해 동안 마음만 이리저리 옮겨 다녔다

기차소리 긴 여운에 혼자 눈시울 훔치면
바람 둑 터진 언덕은
말갛게 고요의 허물로 휩쓸려가고

호박꽃이 대문만 한 집
어리디어린 그리움이 두리번거릴 때
툇마루에 앉은 할머니는 하루 종일
나지막한 빗소리에 귀를 묻곤 했지

대체 누가 누구에게 속삭이는 것인지
골목의 창을 열면
둥그런 별들이 앞다퉈 이마를 내밀던 곳
거기, 마음의 세간 몇 개 더 들여놓고
벌 떼처럼 윙윙거리던 시절 있었네
〈

무엇을 약속했는지 금방 잊어버린 채

너의 어깨 마디마디에
대나무 피리 같은 입김 불어넣으며
생을 놓치던 때가 있었다

서울, 딜쿠샤

*

그가 왜 거기서 허름했는지, 묵시默示가 쥐들을 불러들이고
무너지지 않을 만큼의 폐허로 자라온 비문碑文
외벽 없는 바람에 안부를 의탁한 적 없다
그는 애초에 언덕 위의 붉은 벽돌집이었고
커다란 은행나무 때문이었고
벽안의 신혼부부가 살던 보금자리였으므로

*

이역에서 금맥을 찾던 알버트는
어느 날 낡은 타자기에 제 삶을 굴착하기 시작했다
바윗덩이 같은 어둠에 짓눌린 나라
캄캄한 갱도 속에서 길을 잃은 식민들
그의 타자기는 한동안 멈추지 않았고
외신이 전한 그날에야
그가 사라진 이유처럼 모든 일들이 명백해졌다

*

알버트 부부가 살던 붉은 벽돌집은
아내의 목에 걸어준 호박목걸이를 기억하듯

러크나우 궁전의 맹세를 떠올리듯
망각의 세월로 다져온 그들의 꿈을 오롯이
지켜온 이 땅의 또 다른 주인이 살고 있었고

*

몇 백 년 후의 일들을 예감했기 때문일까
권율 장군이 심은 은행나무는 나날이 비장했다
노란 잎들이 마당에 암호처럼 쌓이자 알버트는
마침내 함성을 타전하기 시작했다
낮달처럼, 장군의 눈썹은 높이 휘날리고

*

자신의 요람 밑으로 불쑥 선언서가 들어오자
울음을 멈추던 갓난아기는 어느새 노구가 되어
아버지의 유언장을 펼쳤다

알버트 테일러가 이 땅에 남긴 단 하나의 문장-
갑옷의 은행나무는 끊임없이 은행잎을 피우고
붉은 벽돌집엔 달빛이 은은하리라

*

양화진 묘지에 잠든 알버트 부부는 자신들의
비문에 새긴 마지막 문장을 고치고 있다

강변의 물살처럼 눈을 감을 수 없네
햇살이 너무 눈부셔 노래를 멈출 수가 없네

그의 헌사는 아직도 끝나지 않았으므로

■ 해 설

마음의 지도, 골목 안 서울 답파기

장이지(시인)

어떤 인연으로 전장석의 첫 시집 해설을 맡게 되었다. 시집에 실린 모든 시가 서울의 곳곳을 답파하고서 쓴 점이 특기할 만하다. '답파'라는 것은 어디까지나 '건각健脚' 없이는 불가능하다. 시인 자신도 '시인의 말'에서 "손이 아닌 발로 더듬거린" 것이 이 시집이라고 밝혔는데, 더듬거렸다는 것은 겸손한 말이고, 게다가 '발'로 썼다는 것도 어떤 의미에서는 절반만 말한 것은 아닌가 하고 나는 조금 의아하게 '시인의 말'을 읽었다. 비록 일면식이 없는 분이지만, 그의 겸허한 '시인의 말'에 나는 적으나마 우정의 말을 보태고 싶은 마음이 들었다. 아무런 선입견 없이 기쁜 마음으로 이 글을 쓴다.

우선 '시인의 말'을 의아하게 보았다고 한 까닭부터 밝혀두고 싶다. 「나폴레옹제과점」을 보면, 오히려 '발'이 사라지는 것이 아닌가. 시적 화자인 '나'는 문면에 등장하는 일 없아―'우리'에 숨은 채―나폴레옹제과점의 구석구석을 세심하게 관찰한다. "나폴레옹 모자처럼 생긴 초코크루아상", "초면처럼 갓 구운 둘레", "빵 부스러기처럼 남은 마지막 말"에서 보는 바와 같이 많은 직유를 늘어놓으면서 풍경에 생기를 더하려고 한다. 「나폴레옹제과점」만 그런 게 아니다.

> 말이 뛰던 골목, 곱창처럼 구불구불한
> 파도가 밀려와 해안처럼 얼굴 씻기는
>
> 죽은 애인의 기억이 욕창처럼 번지는 저녁
> 골목 깊숙이 손가락을 집어넣으면
> 창자 속 같은 어둠이 실타래로 풀려나오는 곳
>
> ―「신설동 골목」에서

 불과 다섯 행에 네 개의 직유가 연달아 나온다. '곱창―욕창―창자'로 기민하게 이어지는 보조관념의 계열체에서는 신인이라고는 믿을 수 없는 능란함이 엿보인다. 이 보조관념의 계열체는 신설동 골목의 냄새와 감촉, 내밀함과 혼곤함, 골목 안 사람들의 피로까지도 시각적으로 떠오르게 한다. 각각의 비유가 얼마나 설득력이 있는지와는 별개로 이 섬광과 같은 전개에, 직유를 만드는 임기응변이라고 할까, 즉흥성이라고 할까 하는 것에 입을 크게 벌리고 놀랄 만하지 않은가.

그러니까 그는 '발'로만 시를 쓰는 것이 아니라, '눈'으로도 쓰고 있으며, 육감을 다 써서 쓴다는 말이다.

전장석의 시는 풍경을 읽지 않고는 성립하지 않는다. "내가 보는 서울은 다 다르다"(「셔블」)라고 날것으로 그가 말할 때, 사실 그는 자신의 방법을 솔직하게 말한 것이다. 그는 "막대그래프 같은 아파트와 낮은 곡선의 지붕들" 그 간극의 의미를 "언제쯤 그것들을 제대로 읽어낼 수 있을까."라고 하면서 끊임없이 탐색한다(「만리동 책방 만유인력」). 손기정 공원에서 모과가 떨어져 구르자, 그는 그 장면을 "몇몇 산책자와 바람만이 읽고 간다"(「손기정 공원의 모과는 오늘도 달린다」)고 말한다. 그것은 많은 사람이 그 장면을 음미하지 않고 가는 것에 대한 불만을 토로한 것이며, 그 자신은 '몇몇 산책자와 바람'과 더불어 그 장면을 읽었음을 티가 나게 내세운 것이다. 그는 서울을 본다. 서울을 읽는다. 보이지 않는 것을 보이게 한다.

    숨바꼭질하듯 첩첩산중에 숨었나
    쇄출기의 화음을 귓바퀴에 가득 눌러 채운
    을지로3가 골목은 꼭 순대를 닮았지

    소문과 맛의 길이를 재어본들 비밀은 비밀
    줄자처럼 혓바닥이 길어진 사람들

간절함이 구불구불 산수갑산인데
　　　　　―「산수갑산 아바이순대」에서

　전장석은 세상의 이면에 감추어진 '비밀'을 찾아내려고 한다. 그것은 세속적인 사람들이 궁금해할 만한 것은 아닐지 모르는데, 이 시에서 시적 화자는 함경도식 순대의 맛의 비밀을 탐색한다. 레시피를 훔치려는 것이 아니다. 그는 아바이순대의 맛에서 이남한 실향민의 애환, '간절한 향수'를 읽어낸다. 그는 세상의 비밀을 파헤치고, 거기에 '사연'을 입힌다. 비밀을 까발리는 냉철함보다 풍경 속에 있는 사람조차 미처 의식하지 못하고 있었던, 가슴속 깊이 감추어둔 감정의 내밀한 곳을 드러내, 거기에 맞춤한 이야기를 덧대어줌으로써 시적 대상을 위무하는 따뜻함이 그의 해독 작업에는 깔려 있다.

　서울 곳곳을 발로 뛰어다니며 쓴 시라고 하면, 서울의 랜드마크를 떠올리기 쉽다. 그러나 전장석의 관심사는 이미 눈치챈 분들도 계시겠지만 '골목'이다. "늙은 쇄출기가 밤새 콜록이던 골목골목"(「눈 내리는 충무로 인쇄골목」), "우리 안에 갇혔던 철의 고저장단이/[…]/골목으로 끝없이 퍼져나간다"(「문래동에는 사나운 짐승들이 산다」), "어둠의 갈피가 느슨해진 만화거리 골목"(「개정판 강풀 만화거리」), "이 늙고 병든 골목"(「신설동 골목」), "비릿한 골목에 쪼그리고 앉아"(「흑석동 비사」) 등에서 쉽게 볼 수 있듯이 그의 시에는 유난히 '골목'이 많이 등장한다.

전장석이 찾는 것은 그 언저리에 있다. 골목이 위상학적으로 도시의 감추어진 이면 공간이기 때문만은 아니다. 그는 "들키고 싶지 않았지만" 결국 들켜버린 어떤 고독사(「난곡동에서 죽음의 방식」)를 눈여겨보고, "검게 탄 누룽지처럼 언덕에 붙어있는 마을"(「상계동올림픽」)처럼 어딘가 탄 흔적이나 상처, 흉터가 남은, "뒤숭숭한 삶"(「성내동 오케이바둑학원」) 주변을 어슬렁거린다. 답십리 진창길 같은 데 빠져보지 않고 어떻게 삶을 말할 수 있을 것인가(「답십리」). 그는 화려한 조명이 밝게 빛나는 그럴듯한 도심에 '서울'이 있는 것이 아니라, 바로 이 누추한 골목과 가난한 산동네, 비만 오면 아직도 진창이 되는 샛길에 '서울'이 있다고 말하고 싶어 한다.

그리하여 전장석은 세속적인 기준에서 성공했다고 할 수 없는 사람들에게서 삶의 위의威儀를 발견해낸다.

> 그리하여 생고기보다 연한 쇠, 쇠망치가 먼저 부드러운 식감을 느끼면
> 　거북등만 한 무쇠솥과 농기구들이 도깨비에 홀린 듯 뚝딱뚝딱 만들어져
> 　움막 뒤켠에 가지런히 놓이던 시절 있었다
>
> 　발톱을 세워 유리창을 할퀴는 습한 기운들

바깥세상을 달구는 눈은 어떤 이기(利器)를 만들어낼까
누군가에겐 뜨거운 함성이었을 저 문밖에는
추위에 데인 상처가 많은 사람들도 있을 것이다

하늘에서 쉴 새 없이 두드리는 순백의 망치소리

연장통을 두고 온 인부들은 내일을 입 밖에 꺼내지 않는다
대낮의 쇠망치 소리 몸에서 서서히 잦아들 때까지
한강변의 찬 물살이 쇳물처럼 가라앉을 때까지

시커멓게 그을린 어둠 몇 조각
불판 위의 별똥별로 스러진다
─「겨울 무쇠막생고기집」에서

 이 시에서는 금호동에 있는 고깃집에 든 인부들을 조명한다. 그들은 쇠망치로 쇠를 벼리는 일을 한다. 그들은 쇠를 벼려 '이기(利器)'를 만들어낸다. 이 공정은 이어서 자연의 작업에 유비된다. 바깥에서는 눈이 내리는데, 거기에서 시적 화자는 "순백의 망치소리"를 듣는다. 이 추위는 많은 사람에게 '상처'를 주지만, 이 '상처'는 쇠가 쇠망치를 맞을수록 강해지듯이 사람들을 강해지도록 하는 자연의 작업인지 모른

다고 시적 화자는 생각한다. 전장석은 이 두 개의 '망치질'을 포갬으로써 하루의 피로를 짊어진 채 고깃집 불판 앞에 앉은 인부들의 삶을 '자연의 위대한 작업'으로까지 승격시킨다. 인부들이 대낮의 피로를 한 잔 술에 누그러뜨리는 모습을 한강변의 찬 물살이 서서히 가라앉는 것에 유비함으로써 인부들의 삶은 점차 위의를 띠어간다. 마지막 연의 하강 이미지조차 이 흐름을 가로막는 것은 아니다. 거기서 그는 '어둠'을 '별'로, 추락하면서 더 화려하게 빛을 내뿜는 '별똥별'로 치환한다. 그는 가난하고 못 배운 평범한 사람들도 마지막의 순간에 지나온 길을 더듬어 보면 모두 의미 있는 삶을 살았다는 것을 그 장삼이사의 사람들에게 확인해주려고 한다. 소중하지 않거나 위대하지 않은 삶은 이 세상 어디에도 없다고 말이다.

선상석은 겉으로 보면 평범하기 그지없는 사람들의 삶을 그들의 장소와 더불어 하나의 위대한 문학으로 추존한다. 시집 첫머리에 놓인 「Book아현」에서부터 그것은 북아현동을 한 권의 '책'으로 변형함으로써 그는 이 '추존'의 욕망을 시집의 근간으로 선언한다. 거기에는 자신의 삶이 바로 문학과 진배없다는 것을 모르는 범부들의 일상이 있거니와, 전장석은 그 일상을 특별한 것으로 탈바꿈한다. 다음과 같은 장면은 그런 마술의 한 예로 거론할 만하다.

세상을 각색하며 떠돌던 옆집 아저씨가
어느 날 노을이 되어 돌아와
폐타이어처럼 눌러앉은 강풀 만화거리에
화살표 방향으로 굴러가던 것이
그가 꿈꾸던 낡은 희망의 바퀴자국이었음을

붕어빵처럼 구워지는 시간
등장인물들이 나무의자에 앉아
늙은 해설사인 바람의 등을 긁어주고 있다
　　　　　　　　　　— 「개정판 강풀 만화거리」에서

　'옆집 아저씨'를 위시한 만화거리의 주민은 '책'의 등장인물로 재탄생한다. '옆집 아저씨'는 '폐타이어처럼' 실패하고 버려진 존재이다. 그는 이 거리에서 젊은 시절 자신의 이제는 낡아버린 꿈을 확인한다. 그 희망의 바퀴자국을 따라다닌 시간은 어쩌면 허망한 것일 수도 있다. 그러나 그렇게 인생을 반추하는 시간이 헛된 것만은 아니다. '노을'은 인생의 황혼을 암시하지만, 그것은 그와 동시에 아름다운 것이기도 하다. 꿈을 이루지 못한 사람이 그 꿈을 추구했던 지난 날을 떠올리는 것은, '노을'이 아름다운 것처럼 아름다운 일이 아닐 수 없다. 실패한 모든 것은 그 속에 아름다움을 내포한다. 이 역설을, 이 역설이 주는 아름다움을 전장석은 아주 잘 알고 있다.

또 '바람'이 주민의 등을 긁어주는 것이 아니라 '주민'이 오히려 '바람'의 등을 긁어준다고 할 만큼 이 거리의 주민은 자기도 모르는 사이에 세계에 개입하며 그것을 통해 세계와 일체가 된다. 이때의 '세계'란 '강풀 만화거리'라는 특정한 장소와 불가분의 관계에 놓인 것이 되리라. '장소성'을 만들어내는 것은 공간에 때[垢]를 묻혀가며 살아가는 주민들이다. 때 묻은 것들에서 저절로 의미가 생겨난다. 사람들이 그만큼 오래 곁에 두고 본 것들, 만져온 것들, 그래서 닳아지고 반질반질해진 것들, 어쩌면 한 귀퉁이가 떨어져 나간 것들이야말로 바로 '장소'를 만드는 것이 아닐까.

그 삶의 '때'를 전장석의 시에서 확인하고자 할 때, 우리는 마땅히 '늙은/낡은'이라는 형용사의 교대, 혹은 빈번한 사용에 주목해야 힌다. "낡은 긴열장처럼 바람에 흔들리는 동네"(「아현」), "작동이 멈춘 낡은 탁자 위의 시간들"(「만리동 책방 만유인력」), "늙은 산벚꽃나무"(「가온다리」), "낡은 희망의 바퀴자국"과 "늙은 해설사인 바람"(「개정판 강풀 만화거리」), "늙은 나무들"(「경희궁을 산책하는 밤」), "낡은 중고서점"(「상개동올림픽」), "낡은 입간판들"(「수색역을 지나며」, 「오쇠동 풍경」), "낡은 입천장"(「을지로 오구반점」) 등 그의 시에는 낡고 늙은 것이 지천으로 널려 있다. 그것은 그 자신이 나이 들어감에 따른 감상에서 비롯한 것인지 모른다. 그는 세상에 자신의 모습을 투영해보면서, 자신과 닮은 것들의 편에 서서 그것들을 응원하고 싶어 한다. 그러나 온전히 그것뿐만은 아니라는 것도 말하지 않으면 안 되리라. 낡고 늙은 것은 서글프기만 한 것이 아니고 익숙하고 푸근하며 정겨운 것이기도 하다. 이 착종한 감정은 '새것의 도심', '새것의 서울'에 만연한 키치적인 잡동사니들과는 비교할 수 없을 정도로 정서적 깊이가 있으며 시적이다. 다음 장면의 유려함을 보라.

>첫눈이 오자 인쇄골목 사람들은
>그동안 망설이던 기차를 타고
>고향의 설원을 향해 달리는 꿈을 꾼다
>
>늙은 쇄출기가 밤새 콜록이던 골목골목에
>아픈 상처를 더듬듯
>눈은
>낡은 입간판을 어루만지고 천막 위에
>흰 천막을 덮는다
>
>그곳에 맨 처음인 듯 쓰여진
>눈의 마지막 문장에다 마침표를 찍으려
>들뜬 사람들의

분명한 발자국이 지워지고 다시 찍히고 있다

— 「눈 내리는 충무로 인쇄골목」에서

'골목-상처-꿈'의 계열체와 '첫눈-흰 천막-문장'의 계열체가 맞물리면서 조응하고 있는 것이 인상적인 이 시에서도 '늙은/낡은'의 장소성이 개입하고 있다. '골목-상처-꿈'의 계열체가 서글픈 정서와 관련이 있다면, '첫눈-흰 천막-문장'의 계열체는 환상적인 이미지로 이 서글픈 정서를 푸근하고 정겨운 것으로 역전시킨다. 그러면서 시를 완결한다. 끝이 좋으면 다 좋은 것이다. 혹은 마지막 마침표로 전장석은 어떤 역전이나 전회의 기적을 만들어낸 것이 아닐까. 끝은 끝이 아니게 된다. 발자국은 지워지고 다시 찍힌다. '강풀 만화거리'가 '개정판'을 필요로 하듯이 끝은 한없이 경신된다.

전장석의 이 '발자국 다시 찍기'는 서울의 지도를 바꾸어버릴 정도로 집요하다. 서울을 무너뜨리고 다시 세운 것이라고 과장을 조금 보태어 말할 수 있다. 그가 이 시집을 '발'로 쓰고자 한 것은 어째서일까. 시집 전체를 서울 도심을 산책한 결과로서의 지도처럼 꾸며 놓은 것은 도대체 어째서일까. 실질적으로 이 시집이 '발'만의 시집이 아니라는 것은 이제까지의 논의에서 충분히 해명되었으리라고 믿지만, 시인 스스로는 어째서 이 시집을 '발'의 시집으로 여기게 된 것일까. 가령 그는 왜 특정한 동네의 주민으로서 그 동네를 오랜 세월을 두고 온전히 그려내기보다 서울이라는 거대한 공간을 스치듯이 누비고 다니면서 몇 개의 인상적인 장면을 그리는 데 만족하는가. 만족한다기보다 어째서 그는 걸음을 멈출 수 없는가. 걸을 수밖에 없는가. 그것은 이 서울 산책이 진정한 의미에서의 '산책'이라기보다는 '헤맴'에 가까운 것이기 때문이다. 다소 직설적이지만 다음 시를 실마리로 삼아도 좋다.

> 나의 망설임은
> 두려움과 허상의 혀로 중심을 빼앗으려는 자들과
> 중심을 밀고 나아가려는
> 무수한 앞발들 사이에 놓여 있다
>
> 다리는 예감하고 있던 것일까
> 내려갈수록 요철이 분명한 광화문의 주말을
> 저울 위에서 한없이 기우뚱거리는 서울을
> 여러 개의 대답이 갈피를 못 잡고
> 몸 밖으로 무수히 헛디디던 기약들
>
> ─「가온다리」에서

시적 화자는 망설인다. 그것은 그가 사는 '세계=서울'이 '저울' 위에서 불안정하게 요동치고 있기 때문이다. '저울'이란 고도자본주의 사회의 타산성을 상징하는지 모른다. 그 세계에서 모든 가치는 교환 가치로 환원해 버린다. 그것이 시적 화자의 균형 감각을 무너뜨린다. 시적 화자는 '삶의 균형=중심'을 찾으려고 하지만, 그것은 지난한 일이 아닐 수 없다. 음가音價마저도 '저울'에 한없이 가까운 고도자본주의 도시 서울은 "두려움과 허상의 혀"로 시적 화자를 위협한다. 까딱하다가는 낙오자가 된다. '다리'를 자꾸 헛디딘다. 멈춰 서는 순간, 아마도 전락을 피하기는 어려우리라. 이것이 어디 전장석만의 고민이랴. 그것은 「경희궁을 산책하는 법」의 "개미들처럼 신호등 앞에 선 와이셔츠들" 대다수의 근심이라고 해도 과히 틀린 말은 아닐 것이다. 도시는 신문로에 버티고 선 채 끝없이 망치질하는 '해머링맨'처럼 멈추지 않는 욕망을 부추긴다. '와이셔츠들'에게 '해머링맨'처럼 기계가 되라고 녹려한다. "널어뜨린 얼굴"(「명동에서 줍줍」)이 도처에 굴러다니는 것도 이상한 일이 아니다. 남이 흘린 표정을 "줍줍"하다가 자기를 잃어버리는 것은 진짜 재미있는 일일까.

전장석은 자신을 찾기 위해 걷는다. 자신을 잃지 않기 위해 '헤맴'을 선택한다.

>이제부터 성곽을 오르는 일이란
>
>궤도를 벗어난 우주선이 발사체를 버린 것처럼
>
>몇 백 년 전의 숨결을 더듬어

묵묵히 나를 찾아가는 길

관성에 의해 성곽은 크게 원을 그려 갈 테지만
나는 직사각형이나 마름모꼴로 도성을 쌓고
지금처럼 세상을 살아갈지도 모른다
미세한 떨림과 균열이 지속되어도
성곽이 쉬이 무너지지 않으리라 생각하면서

오늘의 순성 놀이가 끝나갈 쯤인가
반얀트리 호텔 부근에서 크게 건너뛴 성곽을
더 이상 따라가지 않기로 한다

성곽의 날개가 배낭 속에서 푸드덕거리는지
내 발걸음도 마냥 날아갈 것만 같다
— 「광희문에서 출발한 순성 놀이」에서

시의 결미에서 시적 화자는 성곽의 루트를 '더 이상' 따라가지 않기로 한다. 그것은 관성적인 삶에서의 이탈을 의미한다. 길을 벗어나야 길이 보인다.

잃는 것을 두려워하면 아무것도 얻을 수 없다. 그것이 불가능한 꿈이라고 해도 꿈을 이루기 위해서라면 "한쪽 다리 정도는 잃을 각오"(「낙원삘딩」)를 해야 한다. "길눈을 조심하라'는 점괘"(「개운산이 어디 있지?」)에도, 미아가 되는 것을 겁낼 필요는 없다. "잃어버린 가방"(「발산이라는 동네」)은 어디에선가 전혀 다른 의미의 가방으로 발견되는 수도 있을 것이기 때문이다.

전장석은 헤매면서 '직사각형'이나 '마름모꼴'로 새로운 성곽을 쌓아가면서 '서울'을 다시 짓는다. 물론 그것은 '저울'이 지배하는 실제의 도시 서울이 아니다. 그것은 마음의 수도 '서울'이다. 표제의 '딜쿠샤'란 무엇인가(「서울, 딜쿠샤」). 그것은 '이상향'이면서 '행복한 마음'이라고 시인은 밝힌다. 그는 '저울'이 지배하는 서울, '해머링맨'의 서울에 맞서, 평범하게 살아가는 골목 안 사람들의 '서울', 늙고 낡았지만 정겹고 푸근한 장소를 품은 마음의 고향을 재건하고자 한다. 내시네 산, 답십리, 모래내, 수색역, 봉천동, 애오개, 연신내, 합정농……. 지명의 유래를 더듬이면서, 그는 진상에서 멀어진 이름들에 다시 진상을 돌려주려고 한다. 그가 마음에 그린 이 새로운 지도는 우리가 살아가는 삭막한 도시 서울을 대체하기 어려울 것이지만, 이제 우리가 그의 시를 공들여 읽은 이상 마음에 한 번도 이상향을 품어보지 못한 채 사는 삶이란 또 어떤 의미가 있겠는지 묻지 않기도 지극히 어려우리라.

전장석은 어떤 것이 '위의를 띤 삶'인지 우리에게 묻는다. 자꾸 헤매보고 싶은 마음이 드는 것은 이 사람 좋게 따뜻하기만 한 시집에 내가 진 탓일까. 자꾸 골목 안이 궁금해지는 것도 그 탓일까.